神戸地域学

神戸の魅力再発見！

川越栄子 編著

大学教育出版

はしがき

　神戸は1868年の開港以来、多数の国からの外国人が移り住み、多様な文化を持つ国際都市として知られている。緑豊かな六甲山と国際貿易港である神戸港に囲まれ、日本三名湯と称される有馬温泉を有する非常に恵まれた自然環境を市民は享受してきた。またこの環境のもと、市民は未知のものに対する深い興味・好奇心、新しいものを恐れずに心を開いて受け入れる姿勢を有している。

　この恵まれた立地条件と「神戸っ子」の気質によって、全国に先駆けて海外の文化を素早く取り入れることができ、多様性のある魅力的で活力ある街を実現した。

　しかし、不幸なことに1995年に大震災に見舞われ、美しい街が瓦礫の山と化した。その試練を市民は克服し、みごとに街を再建し、地震前にも増して素晴らしい景観を作り上げた。この再生した街に多くの国から外国人・多民族が定住・訪問し、「多文化共生社会」を実現している。

　これらの海外の人たちをも惹きつけるのは、神戸独自の「ファッション」「菓子」「音楽」「映画」「文学」などであり、これらの神戸の文化は国内にとどまらず、世界に誇れるものである。さらに、ポートアイランドにおいて先端医療技術の研究開発拠点を整備し、「神戸医療産業都市」を築き上げ、神戸から最先端の医療技術を世界に発信すると同時に、市民も高度な最先端の医療を受ける機会に恵まれている。

　この神戸の魅力を再発見するために本書は生まれた。本書のもとになったのは神戸市看護大学の「神戸学」の講義である。同大学は2006年に同講義を始め、同大学の学生だけでなく、単位互換講座として、神戸研究学園都市大学交流推進協議会加盟大学（神戸芸術工科大学、神戸市外国語大学、兵庫県立大学、流通科学大学、神戸市立工業高等専門学校）の学生さんも毎年数多く受講し、さまざまな角度から「神戸」を学んでいる。

　「神戸学」の講師であり本書の執筆者は、神戸に根付き、それぞれの分野において独自の立場で神戸に貢献してきた人たちである。専門家としての視点で、神

戸を深く研究し、神戸市民が心豊かに健康に過ごせるように努力を重ねてきた。

　なお、個性豊かな執筆者の文体を尊重し、あえて統一していないが、ご理解を賜りたい。

　今回、大学での講義をまとめることで、神戸の大学生だけでなく、広く全国の方々に神戸の奥深い魅力を知っていただきたいと願っている。最後に、本書の出版にあたり、ご尽力いただきました大学教育出版の佐藤守氏、安田愛氏に心より感謝申し上げます。

　2012年2月

編者　川越　栄子

神戸地域学
―― 神戸の魅力再発見！――

目　次

はしがき i

第1章　神戸学歴史編　―源平、一ノ谷の戦いの分析― .... 田辺　眞人　1
　1．地域学・地域史について 1
　2．源平合戦 2
　　（1）平清盛と神戸　2
　　（2）清盛死後の源平の動向　4
　3．『平家物語』の描く鵯越はどこか 6
　　（1）「一ノ谷の後なる鵯越」という『平家物語』　7
　　（2）兵庫区背山にある鵯越　7
　　（3）『平家物語』の矛盾点　8
　　（4）『吾妻鏡』と『義経記』からのヒント　9
　　（5）広義・狭義の「一ノ谷」　10

第2章　神戸開港　―国際都市神戸の原点― .... 楠本　利夫　14
　1．「安政五か国条約」 14
　　（1）兵庫開港を取り決め　14
　　（2）横浜開港　15
　　（3）開港延期交渉団（「文久遣欧使節団」）　16
　　（4）神戸が開港場に　18
　2．神戸開港式 19
　　（1）神戸開港式　19
　　（2）神戸沖の外国大艦隊　21
　　（3）外国人が見た神戸開港　22
　　（4）「神戸事件」　24
　3．神戸外国人居留地 26
　　（1）居留地建設　26
　　（2）居留地「永代借地権」競売　26
　　（3）雑居地、外国人遊歩区域　27
　　（4）外国領事館　28
　　（5）居留地返還　28
　4．神戸開港の意義 30

第3章　神戸のファッション
　　　　　―おしゃれな町・神戸の過去・現在・未来― ………………見寺　貞子　34
　　1．生活文化を彩るファッション ………………………………………………… 35
　　2．「おしゃれな町・神戸」の変遷 ……………………………………………… 35
　　　　（1）兵庫開港と居留地の誕生　35
　　　　（2）居留地にみる外国人文化　36
　　　　（3）居留地から生まれたファッション産業　37
　　　　（4）西洋文化との融合から生まれた神戸ファッション　38
　　3．ファッション都市づくりの基本構想と変遷 ………………………………… 38
　　　　（1）神戸ファッション都市宣言の公表　39
　　　　（2）「神戸ファッション」というブランドの確立　39
　　4．「ファッション都市・神戸」の現状 ………………………………………… 42
　　　　（1）神戸のファッション産業の現状　42
　　　　（2）「ファッション都市・神戸」の取組み　43
　　5．「ファッション都市・神戸」から「デザイン都市・神戸」へ ……… 48

第4章　神戸の洋菓子 ……………………………………………………佐野　靖夫　52
　　1．洋菓子を生んだ歴史と神戸ウォーター ……………………………………… 52
　　2．洋菓子協会の発展 ……………………………………………………………… 53
　　3．世界の菓子 ……………………………………………………………………… 54
　　4．ストレス社会における洋菓子の役割 ………………………………………… 54

第5章　神戸のラジオの佳き時代から現代まで ………………末廣　光夫　56
　　1．ラジオの佳き時代 ……………………………………………………………… 56
　　　　（1）ラジオ神戸　56
　　　　（2）ジャズ番組のスタート　57
　　　　（3）電話リクエスト　58
　　2．神戸の音楽の伝統を守り続けようと
　　　　　　　　神戸ジャズストリートが登場 ……………………………………… 59
　　　　（1）全日本ディキシーランド・ジャズ・フェスティバル　59
　　　　（2）神戸ジャズストリート　60

第6章 神戸と映画 ……………………………………田中 まこ 65

1. 「映画が初めて公開されたまち」から
   「映画が撮影されるまち」に ……………………………… 65
   （1）神戸フィルムオフィスとは　65
   （2）神戸フィルムオフィスの役割　66
   （3）映画を支援するメリット　67
2. 神戸で撮影された映画 ……………………………………… 67
   （1）神戸で撮影された1999年以前の映画　68
   （2）神戸で撮影された2000年以降の映画　68
3. 映画のまち、神戸の未来像 ………………………………… 76

第7章 神戸のことばと文学 ……………………………藤代　節 80

1. 神戸のことば ………………………………………………… 80
   （1）現代日本語区分と近畿方言　80
   （2）神戸のことば　81
   （3）神戸のことばの性格　85
2. 神戸の文学 …………………………………………………… 88
   （1）『源氏物語』第十二　須磨の巻　88
   （2）『小倉山百人一首』より　90
   （3）『猫と庄造と二人のおんな』　91
   （4）『火垂るの墓』　93
   （5）『僕に踏まれた町と僕が踏まれた町』　94

第8章 神戸の医療 ………………………………………北　徹 97

1. 神戸の医療の現状 …………………………………………… 97
   （1）神戸市の医療機関　97
   （2）医師不足の問題　97
2. 神戸市立医療センター中央市民病院の歴史 ……………… 100
3. 看護部 ………………………………………………………… 101
4. 神戸市の救急医療体制 ……………………………………… 103
   （1）神戸市の救急医療の歴史　103
   （2）日本独自の救急医療体制と神戸市の体制　103
   （3）救急医療の現状　105
   （4）救急医療を枯渇させないために　108
5. 地域・神戸市立医療センター中央市民病院の課題 ……… 109

目次 vii

第9章 阪神・淡路大震災の教訓 ……………………………立道 清 110
1. 阪神・淡路大震災の記録 …………………………………… 110
   （1）地震の被害状況　110
   （2）神戸市立中央市民病院
       （現神戸市立医療センター中央市民病院）の状況　111
2. 阪神・淡路大震災の教訓 …………………………………… 112
   （1）災害対策本部の迅速な立ち上げ　112
   （2）耐震性に優れた建築・都市（Shelter機能を持つ）の必要性　114
   （3）防災マニュアル・訓練・コーディネーターの育成　114
   （4）機器類の置き場所・固定・家庭での防災ルール　114
3. その後の災害との関連 ……………………………………… 115
4. 災害ノート …………………………………………………… 115
   （1）神戸市立中央市民病院〔神戸市唯一の救命センター〕
                                         の機能停止　115
   （2）放射能災害　115
   （3）災害に関わる安全性と経済性　116
   （4）災害の多様性と意外性　116

第10章 多文化共生都市神戸─外国人への医療から─ …………川越 栄子 118
1. 日本における多文化共生と外国人への医療 ……………… 118
   （1）外国人数（定住者・旅行者）　118
   （2）定住外国人の患者に関する国の取組み　119
   （3）外国からの患者の受け入れ　120
2. 神戸における多文化共生と外国人への医療 ……………… 120
   （1）外国人数（定住者・旅行者）　120
   （2）定住外国人の患者に関する神戸の取組み　122
   （3）外国からの患者の受け入れ　124
   （4）神戸における外国人医療の問題点　126

第11章 神戸の観光 ─有馬温泉を語る─ ……………………金井 啓修 131
1. 有馬温泉の概要 ……………………………………………… 131
   （1）有馬温泉　131
   （2）神戸・六甲山・有馬　131
2. 有馬の歴史と地震 …………………………………………… 133

3．有馬の「温泉」について ──湧くはずのない所に湧く温泉── …… *137*
4．神戸、有馬の観光客の傾向 ………………………………… *140*
5．発地型観光、着地型観光 …………………………………… *142*
6．名物の創造 …………………………………………………… *142*
7．有馬温泉ゆけむり大学 ……………………………………… *143*
8．まちづくり資金のあり方 …………………………………… *145*

第12章 都市山六甲 …………………………………… 服部　保　*147*

1．六甲の特色 …………………………………………………… *147*
2．都市山 ………………………………………………………… *147*
3．2つの気候帯 ………………………………………………… *150*
4．生物交流・共生の場 ………………………………………… *152*
5．植生の変遷 …………………………………………………… *155*
6．はげ山の植生復元 …………………………………………… *157*

神戸地域学
―― 神戸の魅力再発見！――

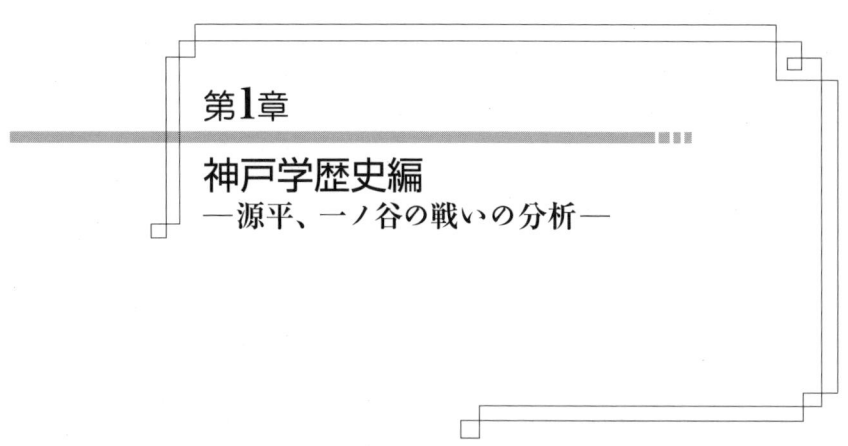

第1章

神戸学歴史編
―源平、一ノ谷の戦いの分析―

1．地域学・地域史について

　私は街角や生活の歴史の研究をしているが、その土地の研究にかつて「郷土史」「郷土研究」という言葉があった。しかし、昭和30年ごろからこの言葉は使わない方がよいといわれだした。なぜかというと「郷土」という言葉は漢語で、日本語でいうと「ふるさと」で、「郷土」や「ふるさと」という言葉には、プラスもマイナス面も含めて感情が入ってしまう。歴史に感情は禁物で、感情のこもる言葉と冷静で客観的でなければならない学問の研究を一緒にしてはならないと昭和30年ごろに「郷土」という言葉は避けられるようになった。その代わりに「地方史」という言葉が使われ始めた。しかし、「地方」に対しては「中央」や「全国」という対語があり、「全国」や「中央」と比べた場合「地方」は価値の上でマイナス面がある。中身に関係なくマイナスの価値がこもる言葉を、客観的な学問・研究の言葉と結びつけるのもどうかということになって、昭和40年ごろ代わりに使われだしたのが、「地域史」という言葉だった。
　「地域」という言葉は「共通の特徴をもつ地表面の広がり」を意味し、この「地域」という言葉には価値も感情も入らないからである。学問・研究にはこの言葉が一番適当だということで、「地域史」や「地域研究」、最近では「地域学」という言葉が、客観的な研究や教育の場で使われるようになった。

私は以前は言葉ではなく態度が大切で、言葉はどちらでもよいと思っていたが、今年になってやはり言葉にこだわることも大切だと思うようになった。なぜかというとまだ感情で歴史を見てしまっている場合が多いことに気づいたからである。私はいろいろな地域の市役所や区役所で講演を頼まれるが、たとえば須磨区役所の主催で源平の戦いの話をした時に、「鵯越の坂落としは須磨ではない」という話をすると、須磨区役所の方に、「区役所が主催をした講演なのにあんなことを言っていいのか」という意見が寄せられたことがある。須磨の人にとっては「鵯越の坂落とし」は須磨であって欲しいという思いがあるのだけれど、そんなことで結論を決めてはいけない。感情や価値観を先入させて歴史をやってはいけないのである。地域を研究する時には、その地域を愛することも大切だが、愛情に溺れては客観的研究はできないのである。神戸の町を考える時、プラス面もマイナス面も冷静に判断して神戸について学んでいただきたいと思う。源平の戦いに関してもそういうことに注意して考えていただけたらと思う。

2．源平合戦

(1) 平清盛と神戸

　『平家物語』が描く「鵯越の坂落とし」が本当は一体どこで起こったことなのかについて述べたいのだが、源平の戦いの大きな流れを理解していただくために、平清盛と神戸について、まず書いておかなければならない。平清盛は1118年に生まれ、1181年に亡くなった12世紀の人物である。清盛は1156年の保元の乱で貴族よりも武士の方が実力を持っているということを見せつけ、1159年に平治の乱で同じ武士の源氏を打ち破って1167年には太政大臣になり、並ぶ者のない権力を手にしたわけである。

　この清盛は当時神戸にあった福原の荘という荘園を好んで、しばしば来往した。神戸では平氏の福原の荘は、旧湊川の上流東方、平野の南方にあったと伝えられてきたが、これまでに神戸大学附属病院の病舎建て替えや、地下鉄工事、あるいは地震の後の建物再建のための地盤調査で、楠木町6丁目から神大附属病院にかけて、堀や土塀の跡や平安時代の瓦や庭園の池など、農村地帯では考えられない遺物や遺構が出土した。その結果、平氏の福原の荘は平野から楠木町6丁目交差

点にかけて、国道428号の東西一帯と考えられる。福原の荘の中には清盛一門の邸宅が散在し、有力者は逗留するときにはそこに滞在したと思われる。昔から神戸では、有馬街道沿いに山間から平野の平地に流れ出る天王谷川と、烏ヶ原の水源地から流れる石井川が合流して湊川となる合流点の北側に、雪見の御所という清盛の御殿があったと言い伝えられてきた。『平家物語』では、清盛の御殿は雪見の御所と記されている。この雪見の御所から少し南の東側に荒田の八幡神社があり、これが清盛一族の平頼盛の別荘の場所だといわれてきた。

　福原の農場の南方には大輪田の泊があった。ほぼ現在の兵庫港の位置で、中国の宋との貿易を望んだ清盛はこの港に注目するわけである。安全な航路であった瀬戸内海を通って大陸から来る人や物は、東端の浪速の津（のちの大阪の港）を最終目的港としていた。その一つ西の錨泊地として奈良時代から大輪田が利用されてきたが、浪速の津は、淀川・寝屋川・大和川の砂が溜まって浅くなっていった。また、奈良に都があったときは、大和川を下って浪速の津に出て行ったが、平安京遷都ののちは、淀川の北側を通って、大輪田の泊に向かう方が容易になった。このような自然条件・社会条件から、大阪の港に代わって、平安後期には大輪田の泊が、瀬戸内海航路東端の重要な港になり始めた。

　福原の荘に来往した清盛は、このような大輪田の泊に注目したわけである。ところで、この大輪田の泊は南西からの波風は和田岬が防いでくれるが、東西の風は防ぎようがなく、船が転覆したり沈んだりした。そこで清盛は沖合に人工島「築島」を作って防波堤代わりにし、その島と本土の間に船を泊めようと考えた。その島を造るときに『一切経』を一節ずつ書いた石を海底に沈めて島の基礎にしたことから、「築島」は「経が島」とも呼ばれている。

　1161年から1173年、「経が島」を建設している間の1171年に、清盛が娘の徳子を後白河法皇の皇子である高倉天皇の中宮にし、1178年、高倉天皇と徳子との間に言仁親王が誕生した。1180年2月、清盛は孫である言仁親王をわずか1歳半で天皇に即位させた。これが安徳天皇で、この頃平氏政権は絶頂期にあった。しかし、当然京都では皇族・貴族が清盛に反感を抱き、まもなく源頼政らが反乱をおこした。これを鎮圧した後、清盛は同年6月2日に強引に都を平安京から福原に遷した。清盛は福原の荘に皇族・貴族を連れて来往した。そして、神戸に新しい碁盤目状の道路をもつ首都としての都会「京」の建設に入った。山と海にはさま

れた神戸で、一番広い平地は和田岬の西にある。清盛は和田の松原の西を基点に、碁盤目状の都市計画をしたと『平家物語』が書いているのは極めて合理的な記述である。

和田の松原の西というと、長田から須磨の一帯である。清盛はいわばいったん福原の農場に来往し、点在する有力者の館に皇居や臨時の政府をおきながら、都は和田の松原の西に造ったというわけである。そこで大正時代から、福原（荘）の仮の宮と区別して、計画・建設中の都を「和田の京」と呼んできたが、神戸の土地勘のない人たちは両者を混同して「福原の京」と呼んできた感がある。当時、長田や須磨では山陽道が中道通から長田の交差点を横切って大道通のルートで通っていたと考えられているが、これを朱雀大路にして、少し異例だが南西向きの街づくりをしようとしていたのだろうというのが、大正時代から神戸地域の歴史研究者の考えである。

このような新都建設中の1180年の夏には、源頼朝と源義仲がそれぞれ関東と中部で兵を挙げた。清盛はこれに打撃を与えようと、平家の軍勢を東国に下したが、10月に静岡県の富士川の戦いで、平家は惨敗して11月に福原に帰着する。東国の源氏の動向を把握するためにも、清盛は不本意ながらついに11月に京都に都を遷すわけである。つまり、神戸が日本の都だったのは1180年の6月から11月までの半年間にすぎなかった。

（2）清盛死後の源平の動向

不本意ながら京都に帰った清盛は、東国の源氏の動きもあって、翌1181年早々に体調をくずして高熱を発し、2月4日に死去してしまった。清盛が頼りにしていた長男の重盛も次男の基盛もすでに亡く、平家の頭領は清盛の三男の凡庸な宗盛に継がれていった。そのような中で、関東の源頼朝は鎌倉で関東を押さえることに専念していたが、中部の木曽義仲は京都へ進軍し始めた。木曽から北陸に出、日本海側を都に向かって進軍した。これに押された平家は義仲の攻撃から逃れて一旦、瀬戸内に退いた。これが、1183年の7月の「平家の都落ち」である。こうして1183年後半、日本には中部から京都に来た義仲、京都から逃れて八島から瀬戸内を治めている平家、鎌倉で関東を押さえようとしている頼朝、そして奥州平泉の藤原氏、これらの4つの勢力が並び立つということになる。

第1章　神戸学歴史編―源平、一ノ谷の戦いの分析―

　京都に入った木曽義仲の勢力は、貴族や皇族と対立し始め、高倉上皇の父親で貴族や皇族の頂点にいた白河上皇は、義仲を京都から追い出そうとして、木曽義仲と同じ源氏の源頼朝を動かし、木曽の軍勢を都から追い出させようとするのである。源頼朝の軍勢は弟の範頼と義経に率いられ、京都に向かって東海道と東山道を攻め上っていった。そして1183年の12月には範頼・義経軍は京都の東の近江に至った。これを迎撃しようとした義仲は1184年1月21日に、粟津で敗死してしまった。源氏が都の東で分裂抗争するのを知った平家は京都を取り戻すチャンスというわけで、前年の1183年末から軍を東に進め、京都奪回の拠点を神戸と定めて上陸してきた。

　こうして日本の勢力図は、関東・中部・畿内を押さえている頼朝、瀬戸内から畿内へ戻ってきた平家、平泉の藤原氏という構図になるわけである。平家の陣立ては、生田神社の境内を東の砦に、須磨浦公園の一ノ谷を西の砦にして、『平家物語』によると「福原・兵庫・板屋ど（板宿）・須磨にこもる勢十万余騎」と記している。数字には大きな誇張があると思われるが、10万余騎という数字は平家全軍を表す数字だとだけ考えておこう。

　源氏は、神戸に陣取る平家軍を東西両方面から同時に攻撃しようと考え、兄の範頼は山陽道を西進して生田の森、つまり三宮方面から平家の正面を衝き、弟の義経は京都から山陰道を進んで亀岡方面から西の丹波路を進んで、篠山盆地の南方を西進し、今の国道372号に沿うルートで加古川中流に出、小野・三木方面から海岸に出て、西から一ノ谷を衝く作戦であった。

　1184年2月4日に軍を二分して京を発ち、東西からの攻撃開始は2月7日の夜明けと約束していた。兄の源範頼は京都を出てその日のうちに伊丹の昆陽へ、次の日に生田森の東方まで行って陣取った。弟の義経は、京都を2月4日に出ると山陰道に入り、亀岡から西、篠山盆地の南の線にそってさらに西へ向かった。今の今田町の西の峠を越えると、播磨の国の加古川の東の社に出る。この峠が三草山である。

　この峠を越えて加古川筋に出て、小野の辺りを南に下って陸上交通路と加古川の谷の分かれ目が市場の地である。市場から三木へ、樫山の峠を越えて、戦いの前日2月6日の朝、義経は三木で部隊を2つに分けたと『平家物語』は記している。7割ほどの軍勢は家臣の土居実平に任せて海辺へ出て塩屋から一ノ谷を攻め

させ、自分は東の山中を鵯越の方に向かった。

　そして7日の夜明けと同時に、神戸の東西から平家を攻めることになるのである。兄の範頼は京都から三宮まで丸2日を使えるが、義経はあの遠い迂回路をたった2日で進軍して塩屋までたどりつかなければならなかった。『平家物語』では義経の進軍を「二日路を一日で駆け抜けて」と描いている。通常なら2日かかる行程を1日で走り抜けて進み、一ノ谷には部下に行かせて自分は少数を連れて「鵯越の坂落し」を敢行するのである。

　戦いの日の当初範頼の部隊は、東の生田の森で戦った。源氏の側は河原太郎・次郎のたった2人の兄弟が平家の陣営に攻めこんで先陣の名乗りをあげるが、すぐに殺されてしまい、その後本格的に平家を攻撃した源氏側部隊が、500騎の梶原党であった。梶原源太景季は、生田の森に咲いていた梅の木の枝を折って、背中の箙に入れながら戦いつづけたと言われ、「彼の戦った後には梅のいい香りがした」とか、「彼が自分の戦う姿を見るために井戸に姿を映した」と伝えられていて、生田神社には「梶原の梅」または「箙の梅」「梶原の井戸」と名付けられた梅の木や井戸がある。

　一方、西の一ノ谷では、一ノ谷の平家の総大将、薩摩守平忠盛が混乱の中、源氏の武将を見つけて取っ組み合い、ねじふせて相手の首を切ろうとしたが、源氏の武将の部下が後から近づいて忠盛の右手を切り落としてしまった。討たれた忠盛を弔って、土地の人々が忠盛の胴と腕を別々に葬ったのが、長田区野田の「胴塚」「腕塚」だと伝えられている。

3．『平家物語』の描く鵯越はどこか

　東西両面からの源氏の攻撃で結局平家軍は敗北し、多くの平家の武将が殺され、捕えられた。逃げのびた平家軍は、水上を旧国屋島に退いてゆく。1年がかりで水軍を準備した源義経と範頼は、翌1185年2月に屋島で平家を破り、瀬戸内を西に逃走した平家は3月に関門海峡の壇ノ浦で三たび源氏に破れて、滅亡していったのである。

　このように西暦1184年の2月7日に神戸の旧市街地を戦場として源平の一つの決戦があった。そして古来この戦いの勝敗の決め手になったのが、義経の「鵯越

の坂落し」作戦だとされてきた。ところが、坂落しのあった鵯越の位置について、長く論争が行われてきた。それは、須磨浦公園の背山、つまり須磨の背山とする説と、兵庫の背山つまり鵯越の地名のある一帯で坂落しが行われたとする説とである。

(1)「一ノ谷の後なる鵯越」という『平家物語』
　『平家物語』は、「六日の明けぼのに、九郎御曹司、一万余騎を二手にわかて、まづ土肥次郎実平をば七千余騎で一ノ谷のうしろ、鵯越を落とさんと、丹波路よりからめでにこそまはられけれ」と記している。6日は戦いの前日で、「九郎御曹司」とは義経、「一万余騎」というのは『平家物語』の描く義経の全軍の数である。平家が守っている一ノ谷の西側から、土肥実平を攻撃に行かせた。『平家物語』は、義経が向かった「一ノ谷の後なる鵯越」と書いている。また、戦いの日について、「七日の明けぼのに、一ノ谷の後なる鵯越にうちあがり」と、平家物語は複数回「一ノ谷の後なる鵯越」と記している。ご存知のとおり、一ノ谷は現在、須磨浦公園の東部にある。須磨浦公園にある小さい谷を東から順番に一ノ谷、二ノ谷、三ノ谷と呼んでいて、三ノ谷辺りに現在の山陽電車須磨浦公園駅がある。そこから坂を越えた東の低地が二ノ谷で、そこから今は切り取ってしまった尾根を東に越えた鉢伏山南麓の東の谷、現在は市バスのターミナルになっているところに一ノ谷がある。平家の一ノ谷の陣はこの辺りである。現在の一ノ谷が須磨浦公園東部である事実と『平家物語』が「一ノ谷の後なる鵯越」と記している事実を合わせると、鵯越えは須磨浦の背山ということになる。

(2) 兵庫区背山にある鵯越
　しかし、問題は歴史的に須磨の背山を鵯越と呼んだ事実がないことである。鵯越というのは、藍那から兵庫へ抜ける山越え道のことで、旧湊川と刈藻川の間の尾根筋の六甲山地横断道、つまり近年の西神戸自動車道沿いの山越えルートのことである。昔は鵯越の墓苑の入り口辺りまで南下すると道が三つに分かれ、メインストリートは尾根を通って夢野の神戸市立夢野中学校前の道から旧鵯越小学校東の道に出ていた。また、墓苑の入り口から西の谷へ下りると丸山の谷を通って長田に出、東の谷へ下りると島原経由で石井へ出ていた。いずれにしても須磨と

は離れている。『平家物語』での「一ノ谷の後なる鵯越」に矛盾が生じてくるのである。

そこで鵯越を、平家物語の記述のように「一ノ谷の後」つまり須磨の背山にするか、昔からの神戸の地名に従って兵庫の北方の山地とするかが長い間、論争されてきた。

吉川英治氏は『新平家物語』の執筆に際して全国に取材に行ったが、このとき、私の恩師の落合重信先生の先輩で当時宇部の歴史の権威者であった川辺賢武氏にも取材に来た。この時、川辺氏は、「神戸では鵯越というのは歴史的に兵庫の北方の山越え道を指す。戦略的にも西の一ノ谷と東の生田の森の間、北からの中央突破作戦が鵯越えの坂落しだったと思われる。平家物語では一ノ谷の後の鵯越と記しているが、須磨の一ノ谷の後ろを鵯越と呼んだ歴史は神戸にはない」と説明したので、吉川英治氏も『新平家物語』の中では、「鵯越の坂落し」の部分に深入りせず、さっと流して書いていると、川辺氏から直接聞いたことがある。

(3) 『平家物語』の矛盾点

『平家物語』では、戦い当日について平家軍は「こぞの冬のころより、讃岐谷八嶋の磯をでて、摂津国難波潟へをしわりたり、福原のきうとに居住して、西は一ノ谷を城郭に溝へ、東は生田の森を大手の木戸口とさだめける其の内福原・兵庫・板宿・須磨にこもる勢、これは山陽道八カ国、南海道六カ国、都合十四カ国をうちしたがへてめさるるところの軍兵也。十万余騎とぞ聞こえし」と描いている。今で言うと平家は、旧神戸市街地全域に陣取っているわけである。続いて「越中前司盛俊を先として、能登殿に一万余騎をぞつけられける」と記す。「能登殿」とは平教経で、「兄の越前三位通盛卿あひぐして山の手をぞかため給ふ。山の手と申は鵯越のふもとなり」とある。つまり、前衛は越中の前司（平盛俊）、主将は能登殿（平教経）、随行は教経の兄の平通盛だといっている。

しかしここで『平家物語』の描く、各方面軍の指揮系統に注意しなければならない。一ノ谷の総大将は薩摩守平忠度である。しかし「一ノ谷の後なる鵯越」と言うのを須磨の一ノ谷で考えると、鵯越の麓の山の手軍の主将は教経なので、忠度と教経という2人の主将がいて、指揮系統が混乱してしまう。山の手が鵯越の麓で、鵯越が一ノ谷の後ろなら、主将は同じ1人の人物にならなければなるまい。

また、ふたつ目の矛盾点は、薩摩守忠度の位置に関して、彼は一ノ谷軍の主将で、一ノ谷は平家軍の西の端である。しかし一ノ谷の戦いだけを見ると、西から義経の部下の土肥実平の源氏軍が攻めて来るわけで、一ノ谷の東を守っているのは平家軍、その主将が忠度である。しかし、『平家物語』では「薩摩守忠度は、一の谷の西手の大将軍にておはしけるが」とある。一ノ谷の戦場の西は源氏軍で、これでは忠度が寝返って源氏軍の指揮をしていることになる。

　一方、京都を出発する源氏の出陣に関して『平家物語』では、「さる程に、源氏は四日よすべかりしが、故入道相国の忌日ときいて、仏事をとげさせんがためによせず。五日は西ふさがり、六日は道忌日、七日の卯剋に、一ノ谷の東西の木戸口にて源平矢合とこそさだめけれ。さりながらも、四日は吉日となればとて、大手からめ手の大将軍、軍兵二手にわかて都をたつ」とある。故入道相国とは清盛のことで、卯剋とは日の出の時刻。この時間に戦いを始めると決めて、4日に源範頼と義経が京都を出発した。この約束通り、7日の夜明けに一ノ谷と生田の森の東西の砦に総攻撃が開始され、東西の木戸は一ノ谷の東西の木戸口とすると、東の生田の森攻撃は約束されていないことになる。これは、どういうことだろうか。義経の「鵯越の坂落とし」で平家は負けてしまう。

（4）『吾妻鏡』と『義経記』からのヒント

　『平家物語』は源平合戦をストーリー化した歴史物語であるが、鎌倉時代には『吾妻鏡』（または『東鑑』）という鎌倉時代の記録があり、脚色のない記録である。『吾妻鏡』は、「寿永三年二月八日、関東の両将、摂津国より飛脚を京都に進ず、昨日一谷において合戦を遂げ、大将軍九人をきゅう首す」と記している。関東の両将とは義経と範頼のことで、これによると、2月7日の戦いは、あくる日には京都に伝えられている。また、2月13日には平氏9人の首が義経の館に集められたと『吾妻鏡』は記し、『平家物語』では、「二月七日摂津国一ノ谷にて討たれし平家の頭ども十二日に都に入る」と記している。戦いから約1週間後の2月15日には、「浦冠者範頼、源九郎義経等の飛脚、摂津国より鎌倉に参著し、合戦の記録を献ず。その趣、去る七日、一谷に於て合戦す、平家多く以て命を殞す」と記し、神戸で戦死した平家の武将名を付記している。

　須磨の背山を鵯越と言ったことはない。これらで問題にすべきは、源氏（関東）

の両将つまり範頼と義経が、京や鎌倉に送った報告の中で、二月七日の戦いを摂津の一ノ谷で行ったとしている点である。義経軍は一ノ谷を衝いたとしても、範頼も報告者の一人なのに生田森が報告されていない。これはどうした理由によるのか。私は、『平家物語』の作者が、平忠盛や敦盛が討たれた須磨を意識してクローズアップし、兵庫の背山の鵯越を須磨の背山に移す脚色を施したと考えていた時があった。しかし、今述べた『吾妻鏡』の描写から１つのことに気がついた。それには、もう１つのヒントがあった。後の室町時代の初めにできた『義経記』によると義経は、「武功の達者一度も慣れぬ船軍にも風波の難を恐れず、舟端を走り給ふ事鳥のごとし。一ノ谷の合戦にも白は無そうの城なり。平家は十万余騎なり。味方は六万五千騎なり」「城は無勢にて寄手は多数こそ、軍の勝負は決し候に、これは城は大勢、案内者寄手は無勢、不案内の者どもなり。たやすく落つべきとも見え候はざりしを、鵯鳥越とて鳥獣も通ひがたき岩石を無勢にて落し、平家を終に追落し給ふ事は凡夫の業ならず」という記述がある。通常城に留まるのは少数で、なるべく大勢で攻めるのだが、この場合は城の中の方が大勢で、しかも平家はこの３年前に神戸に都をおいていたため、土地勘もある。関東から来た者は神戸のことはあまり知らない。このように普通は勝負にならないものを、鵯越というところで攻撃して打ち勝ったわけである。

（５）広義・狭義の「一ノ谷」

　私はこの文章を読んで、雷に打たれたように感じ、この『義経記』の「一ノ谷の合戦にも城は無そうの城なり。平家は十万余騎なり」という描写の一方で、『平家物語』には「西は一ノ谷、東は生田の森、その内、福原・兵庫・板宿・須磨にこもる兵十万余騎」と書いている。『吾妻鏡』では、２月７日に決戦をした後、生田の森を攻めた範頼も一ノ谷を攻めた義経も、鎌倉に「一ノ谷で戦争をした」と言っている。つまり「西は一ノ谷、東は生田の森、その内、福原・兵庫・板宿・須磨」を「一ノ谷」と略称しているわけである。「一ノ谷」の地名を本来の須磨浦の一ノ谷という狭義の地名のほかに、神戸の旧市街地全体を示す広い意味でも、つまり広狭二義に使っているとしか考えられない。それなら「一ノ谷の後なる鵯越」は須磨になくてもよくなる。しかも、これは何も新しい気をてらった観点ではなく、私たちも昔からこの日の神戸旧市街地全体を戦場とした源平の戦いを

「一ノ谷の戦い」と言ってきた。そのことに気づくと、これまでの疑問が一挙に解決する。さきほどの「薩摩守忠度は、一ノ谷の西手の大将軍にておはしける」という問題も、広義の一ノ谷つまり戦場全体とすると、忠度は確かにその西側にいることになる。もう1つ決定的なのは、『平家物語』で「一ノ谷の東西の木戸口で源平矢合とこそさだめけれ」という描写も、狭義の一ノ谷なら、そこは戦場の西の木戸口のはずだが、戦場全体を広義の一ノ谷と考えるなら、東（生田ノ森）西（狭義の須磨の一ノ谷）と意味が通じるわけである。

このように考えれば、「一ノ谷にて討たれし平家の首ども、12日に宮こへいる」というところも疑問はなくなる。狭い意味での一ノ谷ならば、この記述では生田の森や長田などで討たれた平家の首は行方が不明になってしまうからである。鵯越の眼下に源義経が試しに駆け降りさせた軍馬は平盛俊の陣に降り立ったと『平家物語』は記している。その盛俊に関しては、長田の北の名倉町に彼の奮闘を顕彰する盛俊塚があり、板宿に彼の墓と伝えられる土地がある。これも、長田の北から南西方向に盛俊は押され、倒されたことを示唆している。

一方、戦いの前日の6日の夜中まで、熊谷・平山という侍は、義経の部隊にいた。ところが、鵯越は奇襲攻撃なので、手柄をたてても記録してもらえないと考えた熊谷次郎は、そのことを息子の小次郎直家をよんで伝え、今夜のうちに一ノ谷攻撃軍の方に移動して、明日の開戦に備えようと言った。『平家物語』では、「熊谷次郎、子息の小次郎をようでいひけるは、『此手は、悪所をおとさんずる時に、誰さきといふ事もあるまじ。いざうれ、是より土肥がうけ給わってむかうたる播磨路へむかうて、一ノ谷のまっさきかけう』といひければ、小次郎『しかるべう候。直家もかうこそ申たう候つれ。さらばやがてよせさせ給へ』と申す」と息子もこれに同調し、鵯越攻撃軍をぬけ出して、山中を塩屋方面へと駆けぬけた。この移動を『平家物語』は、「おとさんずる谷をば弓手にみなし、馬手へあゆませゆく程に、としごろ人もかよはぬ田井の畑といふふる道をへて、一ノ谷の浪うちぎはへぞ出たりける。一ノ谷ちかく塩屋といふ所に、いまだ夜ふかかりければ、土肥次郎実平、七千余騎でひかへたり。熊谷は浪うちぎはより、夜にまぎれて、そこをつつとうちとほり、一ノ谷西の木戸口にぞおしよせたる。その時はいまだ敵の方にもしづまりかへつてをともせず」と記している。

それならばと、熊谷親子は義経のもとを脱走した。弓手とは馬に乗って駆ける

時に弓を持つほうの手、つまり左手である。馬手とは手綱を持つ手なので、右手である。この描写では、攻め落とそうとする谷を左手にして、右手に進んでいくということは東から西に進んでいるわけである。そして、多井畑というところを通って塩屋に出たのであろう。須磨と鵯越の坂落しは多井畑より東になければならない。狭義の須磨の一ノ谷の背山が鵯越なら、そこから塩屋に向かうのに、東から西に多井畑を通りぬけることはありえない。奈良時代以前は、鉢伏山の南の一ノ谷・二ノ谷・三ノ谷と境川、千守川には十分土が積もっていなかったので、これらの谷は入江でぎざぎざの海岸線で、それを「赤石の櫛淵」と呼んでいた。奈良時代にはこの凹凸のはげしい荒磯を通行することが困難だったため、山陽道は須磨から多井畑を迂回して塩屋に出ていた。平安時代には入江に土が積もって谷となり、海岸部を通れるようになっていた。そうすると「としごろ人もかよはぬ田井の畑のふる道」というのは非常に正確な描写である。海岸の道ができたからここ数年あまり人も通らなくなった山陽道の古い田井の畑を通る道、ということなのである。

以上のようなことを考えると、一ノ谷という地名を大・小、広・狭の２つの意味で使っているとしか考えられない。そう考えると、これまでに挙げた問題点や矛盾はすべて氷解する。「兵庫」という地名が県名であったり区名であったりするように、地名に広狭二義があるのはよくあることである。

おそらく『平家物語』の作者は、福原・兵庫・板宿・須磨を一言で表す神戸の旧市街地というような語句がないために、この一帯全体を「一ノ谷」と呼んでいるのであろう。しかも須磨浦の一つの谷筋、狭義の一ノ谷とは別に、三宮から須磨までの神戸の旧市街地を、広義の一ノ谷と呼ぶ呼び方は、何も目新しいことではない。寿永３年２月７日の源平の戦いが、三宮から須磨までで展開されたことを知って我々も、この戦いを「一ノ谷の戦い」と呼びならわしてきたのである。

この広い意味での一ノ谷という呼び方は江戸時代には忘れられ、語源となった須磨の一ノ谷つまり狭義の地名しか、江戸時代には理解されなかったため「一ノ谷の後なる」鵯越は須磨だと解されたのである。

鵯越のふもとを守った平家の山ノ手軍に関して考えてみると、主将の教経が夢野の清水（現、氷室神社一帯）、副将の通盛にまつわる伝説や石塔が鳥原にあった願成寺に伝えられていること。前衛の盛俊塚が丸山の南の名倉町にある。古来、

第1章　神戸学歴史編―源平、一ノ谷の戦いの分析―　13

六甲山地の北方と兵庫津を結ぶ山越えの鵯越道は、藍那から現在の鵯越墓園の中を通って同園正門あたりで3本に分かれていた。本道は尾根筋を南下して夢野に下り、東の谷筋を通る支道は今の神戸電鉄鵯越駅から烏原の谷を通って石井で平地に出ていた。墓園正門あたりで西に分かれた支道は丸山の谷を下って長田に出ていた。『平家物語』の描写に立って考える限り、義経の「鵯越の坂落し」は、藍那から鵯越墓園を南下し、丸山の谷を降って長田に出、三宮生田ノ森と須磨の狭義の一ノ谷に陣取る平家軍の中央突破を計る作戦行動だったのだ。

［追記］本稿は平成21年6月6日に姫路独協大学で行われた第43回軍事史学会年次大会（共通論題：城塞をめぐる戦術）において報告した研究「広狭二義の『一ノ谷』地名―『平家物語』と鵯越―」を一般向けに書いたものである。執筆に際して「神戸学」の熱心な受講生だった吉森麻衣さんと後藤由紀子さんのご協力に心から感謝する次第である。

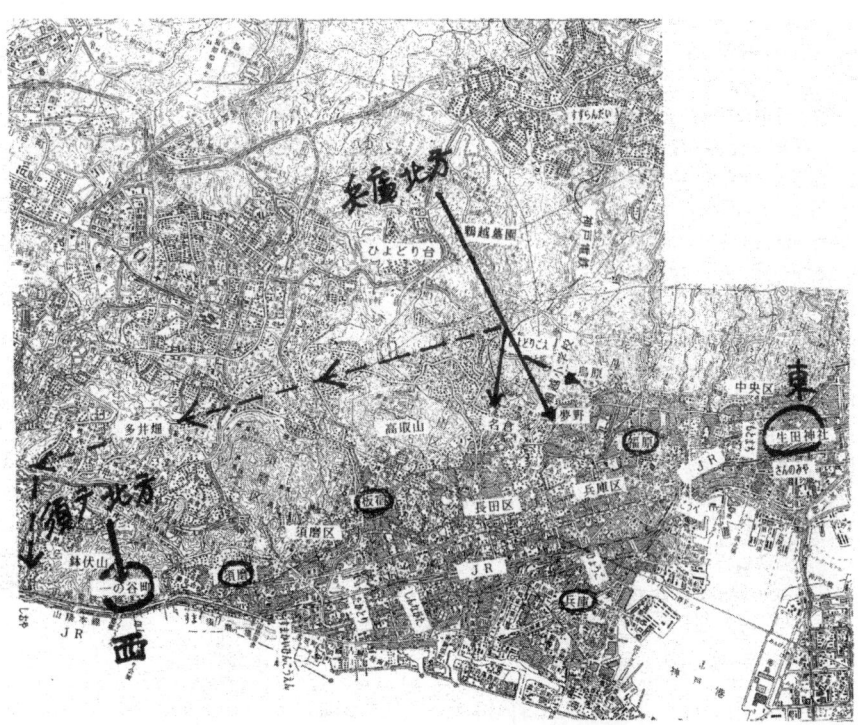

図1-1　「一ノ谷の後なる鵯越」と「兵庫区背山にある鵯越」

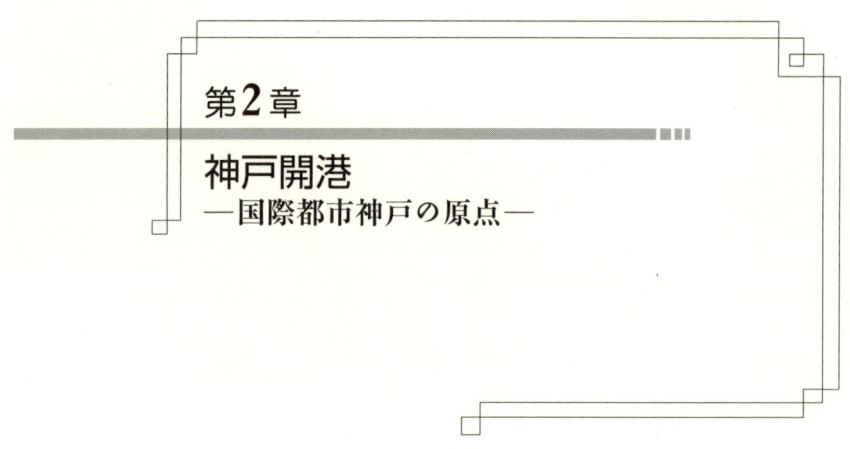

第2章
神戸開港
―国際都市神戸の原点―

はじめに

慶応3年12月7日(1868年1月1日)、神戸は開港した。

世界中からビジネスチャンスを求めて神戸に移住してきた貿易商たちが、外国人居留地に商館を構え、各国は領事館を開設した。開港の翌年にスエズ運河が開通し、極東と欧州の交易と人の移動が飛躍的に拡大することとなった。神戸港が整備され、神戸は西日本におけるわが国の世界への窓口となった。

神戸の住民は外国文化を積極的に取り入れ、自由で進取の気風に富む文化を根付かせた。山と海に恵まれた豊かな自然環境と美しい都市景観、そして国際色豊かな都市文化が神戸の都市魅力を形成している。

本章では、「安政五か国条約」で兵庫が開港場となった経緯、兵庫に替わり神戸が開港した背景、外国側が見た神戸開港、そして神戸開港の意義について考察する。

1.「安政五か国条約」

(1) 兵庫開港を取り決め

嘉永6年6月3日(1853年7月8日)、アメリカのペリー提督が軍艦4隻を率いて浦賀沖に来航した。ペリーは、日本の開国を求めるフィルモア大統領の国書を

浦賀奉行に手渡し、翌年の来航を予告して日本を離れた。翌年、再び来航したペリーの要請を受け、幕府は「日米和親条約」を締結し、続いてイギリス、ロシア、オランダとも同内容の条約を結び、下田と箱館を開港した。

下田にアメリカ総領事館を開いたハリス総領事は、安政5（1858）年6月、幕府と「日米修好通商条約」「付属貿易章程」（いわゆる「安政五か国条約」）を締結した。主な内容は、①先の「日米和親条約」によって開港した下田、箱館のほかに、神奈川、長崎、新潟（又は代替港）、兵庫を開港し、江戸、大坂を開市すること、②外国側に「領事裁判権」を認めたこと、③日本側には関税自主権がないことである。

ハリスの草案では、開港（市）候補地は、「箱館、大坂、長崎、平戸、京都、江戸、品川、本州西海岸の2港、九州の炭鉱付近の1港」であり、兵庫は入っていなかった。幕府との談判で京都と大坂を開くよう迫ったハリスに、幕府は、天皇の居所である京都と京都に近い大坂は開けないと回答した。ハリスは、京都が無理なら大坂を開くようにと主張したが、幕府は、大坂近傍の堺を開くことを示唆し、万一、堺が開けない場合の代替港として兵庫の名を挙げた。堺は仁徳天皇陵が「外国人遊歩区域」（開港場から10里四方）内にあったことなどのため開港場とすることができず、最終的に兵庫が開港することとなった[1]。

「領事裁判権」は、日本で罪を犯した外国人の裁判を当該国の領事が自国の法律に基づいて行う権利を外国側に認めるものである。「治外法権」を認めることは主権国家にとりその国の主権を侵すきわめて重大な問題である。ところが、条約交渉の過程で日本側はこの条項をすんなりと認めている[2]。日本側の役人には、領事裁判に関する問題意識がほとんどなかったのである。

アメリカとの条約締結に続いて、幕府はオランダ、ロシア、イギリス、フランスとほぼ同内容の条約を結んだ[3]。

(2) 横浜開港

安政5年7月8日（1858年8月16日）、幕府は、翌年に迫った長崎、神奈川、箱館の開港準備のため、外国事務を所管する老中2名を定め、新たに外国奉行を置いた[4]。幕府は条約で取り決めた開港場の神奈川を開港したくなかった。神奈川は街道沿いの宿場町である。攘夷派は幕府が勅許を得ずに締結した「安政五か国

条約」に、激昂していた。人馬の往来が激しい神奈川では、いつなんどき、開港に反対する武士と外国人との衝突が起きるかもしれない。

　幕府は神奈川に替えて横浜を開港場とすることを決めた。横浜は、神奈川から海岸沿いに南へ5kmにあった戸数100戸未満の小さな漁村であった。条約上の開港期限まであと3か月しかない。幕府は、横浜に居留地の建設を突貫工事で進め、運上所、波止場、店舗、奉行、役所などを完成させた[5]。

　イギリス総領事オールコック（1860年、公使に昇格）は、条約どおり神奈川を開港するよう幕府に迫った。幕府は、神奈川は「広域的な地名」であり、横浜はその一部であると説明した。

　英国のジャーディン・マセソン商会が、まず横浜に商館1番館を建設した。隣地には米国人ホールが商館を建てた。外国船は横浜に寄港した。万延元(1860)年正月には、横浜在住の外国商人は30余名に達し、5月には日本人200余名が店舗を設けた。近傍には遊郭まで開設された[6]。

　オールコックは、イギリス貿易商の横浜進出に反対して、商人たちに横浜から神奈川への移転を命じ、「横浜に残るなら、領事館の保護を与えない」旨を公示した。利にさとい商人たちは、役人の勧告に貸す耳をもたなかった。ついに、オールコックは、本国に「英国臣民の、外交代表者に対する此のごとき不埒の行動は、日本政府をして万事に強硬ならしむ結果を生ぜん」と報告した[7]。

（3）開港延期交渉団（「文久遣欧使節団」）

　幕府は、まだ難問を抱えていた。新潟、兵庫の開港と、江戸、大坂の開市時期の延期である。国内では開港に反対する勢力が日増しに強くなっていた。条約で決めた期限内に開港・開市できる環境ではなかった。

　幕府が初めて外国側に開港・開市の延期を提案したのは、万延元年6月21日（1860年8月7日）であった[8]。幕府は、横浜開港による外国貿易は、日本側になんの利益ももたらさず、貿易によって日用品の価格が極端に高騰し、一般大衆が対外関係全般に敵意を持つようになったと説明した[9]。本当の理由は、朝廷が兵庫開港・大坂開市を規定した条約の勅許をおろさなかったからである[10]。

　当初、オールコックは開港・開市延期についての幕府の申し入れに反対した。幕府が条約を骨抜きにしようとしていると考えたからである。けれども、協議の

末、彼は幕府の真意を理解した。このままでは幕府の体制が持たないかも知れないと考えたオールコックは、幕府に、イギリス政府へ開港・開市延期要望の書簡を送付することと、イギリスをはじめとする欧州諸国への使節団の派遣を提案した。オールコックの真意は、開港・開市の延期という問題だけではなく、イギリスの国力を日本人に見せつけ、欧州の文物を見聞させることによって、日本人自らが開国するよう仕向けるというものであった。

アメリカへは、すでに万延元(1860)年に、日米条約批准文書交換のため、新見豊前守正興を正使とする使節団を米国軍艦ポーハタン号で派遣していた。このとき、軍艦奉行木村摂津守と艦長勝海舟が咸臨丸で随伴して日本人初の太平洋横断航海をした。

イギリス、フランスの公使は、幕府に「アメリカにだけ使節を派遣し、欧州諸国へ使節を送らないのは外交上の礼を欠くものである。もし、欧州へ使節を派遣するなら、アメリカに負けない歓迎をする」と説得した。幕府は欧州の条約締結国であるフランス、イギリス、オランダ、プロシア、ロシア、ポルトガルへの開港・開市延期交渉団(いわゆる「文久遣欧使節団」)を派遣することとした[11]。

往航はイギリス、復航はフランスがそれぞれ軍艦を提供することとなった。

文久元年12月23日(1862年1月22日)、勘定奉行兼外国奉行の竹内保徳を正使とする36名の使節団が、イギリス軍艦オーディン号で品川を出発した。使節団の「組頭」として柴田剛中が参加した。組頭とは、正使、副使、目付に次ぐ序列4位の要職である。柴田はのちに幕府を代表して神戸開港式に臨み、外国側に「神戸開港、大坂開市」を告げるという大役を果たすことになる。通訳の1人に福沢諭吉がいた。諭吉はこれに先立ち、咸臨丸で木村摂津守の私的従者としてアメリカに渡航している。今回は、幕府から正式に通訳として任命されていた[12]。

一行は、長崎、香港、シンガポールを経由してスエズに到着し、鉄道に乗り換えてカイロへ向かい、途中スフィンクスを見学した。地中海側の港アレクサンドリアで英艦ヒマラヤ号に乗り、マルタを経てマルセイユに到着した。フランスではナポレオン3世に拝謁した後、イギリス、オランダ、プロシア、ロシア、ポルトガルを歴訪した。

文久2年5月9日(1862年6月6日)、竹内はイギリス外務大臣ラッセルとの間に約定を締結した。いわゆる「ロンドン覚書」である。内容は、新潟、兵庫と江

戸、大坂の開港・開市の5年延期と、その代償として、貿易に関する各種制限の撤廃、外国人による日本の職人・労働者の雇用への官憲の干渉撤廃などであった。これらの点は、横浜を開港して貿易開始以来、外国側が不利、不便と考えていた問題であった[13]。続いて竹内は各国とロンドン覚書と同内容の約定を締結し、使節団は、文久2年12月10日（1863年1月29日）品川に到着、翌日江戸に帰着した。

（4）神戸が開港場に
　こうして兵庫開港・大坂開市の5年延期が決まった。
　当時、兵庫は、「兵庫津（ひょうごのつ）」と呼ばれ、大坂の外港としての役割を果たしていた。諸国からの廻船は、兵庫で喫水の浅い川船に荷を積み替えて大坂市中へ運んだ[14]。幕末の兵庫は、海上交通と商業の中心であり、西国街道の宿場町として栄えていた。人口も2万人に達していた。
　当初、外国側は、日本側が条約どおり兵庫を開港すると考えていた。文久元(1861)年に、イギリス公使オールコックが香港からの帰途、兵庫に立ち寄ったとき、兵庫は視察したが、神戸は視察していない。
　兵庫を開港した場合、外国人居留地を建設しなければならない。居留地を和田岬以西、駒が林村の砂浜に至る海岸一帯（約7ha）に建設し、沖合に防波堤を築く案も検討された。また、東川崎町も居留地の候補に挙がった[15]。
　兵庫の住民は開港を嫌がった。兵庫には「外人嫌悪の思想」が「蔓延」しており、兵庫港を開いて居留地を開設すれば、住民の大反対で「幕府も容易ならざる苦境に陥るべきこと、想像に難からず」（『神戸市史』）という状況であった[16]。
　兵庫の名士で、後の初代神戸市会議長の神田兵右衛門はその伝記『松雲神田扇』の中で、当時の兵庫の住民の感情を次のように懐古している[17]。

　　此たび、兵庫の開港が愈愈勅許となり、外国の公使へもそれぞれ通牒されたと聞き、人身は頗る平かならず、各落胆の吐息の中にも、せめて外国人の居留地はなるべく遠ざけねばならぬと、それが兵庫の町民の心からの願ひであった、のであるから、ひとたび、外国人が浜辺を巡視したとの噂が伝えらるると、神経過敏の町民には、直ちに居留地選定のためだと頷き、（中略）人の心をかき乱した。

　兵庫から直線距離で東へ3.5kmの神戸村の海岸沿いには広大な畑地、砂浜が広

がっていた。ほとんどが荒地で、畑地と墓地、家屋4軒と土蔵が19棟あるだけであった。幕府は、ここなら居留地建設費用も安くあがると判断した[18]。前面の海は水深が深く、港建設の適地でもあった。船舶修理のための「船たで場」まであった[19]。神戸には開港場となる条件がそろっていた。

外国側も、神戸が兵庫より開港場に適していることに気がついた。

慶応元(1865)年9月に、4か国連合艦隊が兵庫に来たとき、イギリス公使パークスは付近の海域を測量させ、兵庫より神戸の方が開港場に適していると判断した。同行したミットフォードは、「居留地に予定された場所は、兵庫の旧市内からやや離れたところにあって、大型船が自由に出入りできるだけの十分な水深もあり、天然の優れた投錨地となっている小さな湾に面している」[20]と書いている。

日本側と外国側の考えが一致した。兵庫に替えて神戸を開港することとなった。慶応3年4月13日(1867年5月16日)、幕府の老中3人は、大坂でイギリス、アメリカ、フランスの公使と「兵庫大坂規定書12か条」を取り交わした[21]。その第1条で、「外国人居留地は、兵庫ではなく神戸に設置すること」[22]と、第5条で、兵庫・大坂の居留地を慶応3年12月7日(1868年1月1日)までに準備することが取り決められた[23]。

2．神戸開港式

(1) 神戸開港式

慶応3年12月7日(1868年1月1日)、神戸は開港し、大坂は開市した[24]。

開港式当日、神戸沖には18隻の外国軍艦が停泊していた。イギリス艦隊は、指揮官サー・ヘンリー・ケッペル提督が率いる12隻(旗艦ロドネイ、オーシャン、アドベンチャー、バシリク、コモラント、マニラ、ラトラー、リナルド、サラミス、サーペント、シルビア、スナップ)であった[25]。アメリカはヘイワード・ベル提督が率いる5隻(旗艦ハートフォード、シェナンド、イロクォイス、オナイダ、アルーストック)、フランスはアメ大佐率いるラプラス号1隻であった。大艦隊は住民に威圧感を与えていた。

外国側がこれだけの大艦隊を派遣した目的は、開港式に出席する各国代表団を神戸まで運ぶこと、開港を祝賀し礼砲を放つことと、日本側が条約どおり神戸を

開港するかどうかを見極めることであった。外国側は、いざというときは武力行使も辞さないと決めていた。

このころ、兵庫では、天から神符が降り、神符が降りた家では神官を招いて大宴会を開き、町では老若男女が「ええじゃないか、ええじゃないか」と踊りながら練り歩いていた。

開港式は、新装成った運上所で行われた[26]。運上所は、兵庫奉行を管轄していた大坂奉行所管のいわば「居留地開発総合事務所」である。運上所は、明治4年8月に大蔵省所管となり神戸税関と改称された[27]。運上所の建物は、開港式に間に合わせるために突貫工事で建設された和洋折衷の2階建てで、2階の窓には当時珍しかったガラスが使われていた。窓ガラスが日光を反射して美しい色彩を放っていたので「ビードロの家」と呼ばれていた。開港式当日、居留地で完成していた建物は、運上所と倉庫3棟、波止場3か所だけであった[28]。

日本側代表は、神戸開港準備責任者で兵庫奉行の柴田剛中であった。柴田は、2度の渡航経験がある、幕府きっての外務官僚である。通訳の与力森山多吉郎は、英語とオランダ語が堪能であった。幕末、日本側の通訳はオランダ語通訳がほとんどであり、日本政府と外国側の交渉は「口頭、文書のいずれによるも常にオランダ語を媒介していた」(イギリス外交官のアーネスト・サトウ)[29]。森山は2つの外国語を操る優秀な通訳で、外国側の信任も厚かった。

外国側の主な代表は、イギリスはパークス公使、アメリカはファン・ファルケンバーグ弁理公使、フランスはロッシュ公使、プロシアはフォン・ブラント代理公使、オランダはボルスブロック公使代理総領事であった。

日本国を代表して、柴田剛中が幕府の外交事務・永井玄番頭書名の宣言書を読み上げた。「書状をもって申し上げます。貴国の新年の日をお祝い致す次第です。ことにこの日は、わが国の兵庫開港、大坂開市の期日にあい、いささかもって各国間と親睦を重ねてきたあらわれであると存じます。お祝いを申し述べます。拝具謹言　慶応三年十二月七日　永井玄番頭　花押」[30]。

すでに、将軍徳川慶喜は、慶応3年10月14日(1868年11月9日)に大政奉還上表を朝廷に提出していたけれども、開港式は幕府の役人が日本側を代表して執り行った。この2日後の慶応4年1月3日(1868年1月3日)には王政復古の大号令が出されている。

開港式は無事終了した。神戸沖の軍艦18隻が正午に放った21発の礼砲が神戸の裏山に轟いた。

(2) 神戸沖の外国大艦隊

神戸開港の様子は、『絵入ロンドンニュース』(Illustrated London News 1868年3月28日号) が報道した。寄稿したのは、英国海軍測量艦シルビア号に乗り組んでいた海軍測量将校パーマー海軍少尉である。パーマー少尉が描いた開港当日の山と海からの神戸のスケッチが同紙に掲載されている (図2-1、図2-2)。

　文明世界に開かれたばかりの大坂は、美しい内海の最も東端の、同名の湾の北東に位置している。大坂は独自の港を持っておらず、海はかなり沖まで浅瀬となっていて、大坂から10マイルほど離れた湾の東北にある神戸が貿易のために最もふさわしい港として選ばれた。兵庫と神戸の2つの湾は近接しており、小型・中型船舶だけでなく、世界最大級の艦隊でも安全に停泊できる優れた泊地を持っている。1868年1月1日は、条約でこの港が開かれる日と取り決められており、数日前から、主として英国と米国の堂々たる艦隊が、開港を祝い記念式典に礼砲を放つため集結してきている。有爵者のサー・ハリー・ケッペル提督が率いる英国艦隊は、2列で停泊しており、艦名は次のとおり。ロドネイ (旗艦)、オーシャン、バシリスク、リナルド、ラトラー、コモラント、シルビア、サーペント、アドベンチャー、サラミス、マニラ、および、砲艦スナップ。米国艦隊は

図2-1　山から見た開港当日の神戸
海岸沿いの白く見える部分は建設中の外国人居留地。
(『絵入ロンドンニュース』1868年3月28日号)

4隻で、英国艦隊より岸寄りに停泊していた。午前8時、満艦飾の軍艦のメインマストに、日本国旗が掲げられた。そして、正午には、開港行事実施を記念して、集合した軍艦が日本国旗に敬意を表して放った21発の礼砲が轟き渡った。午後は、大坂と神戸の宿営に掲げられた各国の外交国旗への表敬訪問と挨拶に費やされた。添付している最初のスケッチは、投錨地から見た新しい居留地であり、前面は防潮石垣で、建設中の桟橋と、急いで建設されている何軒かの公舎と共に見える。もう1枚は、神戸の町から2マイル半ほど離れた、付近に素晴らしい滝がある高度700フィート地点から景色である。住宅が建っている手前の近い湾は神戸湾と神戸の町であり、遠方の外側の湾は、兵庫湾であり、その名は地名からつけられている。

地元の英字紙『ヒョウゴ・アンド・オサカ・ヘラルド』(*The Hiogo & Osaka Herald* 1868年1月4日号) は、開港式の様子を次のように報道した。

あらたな開港
　1868年1月1日、終日港内の艦隊のメインマストの頂上に掲げられてひるがえっている日本国旗に対する礼砲により、兵庫と大坂の開港が行われたことと、英国国旗を領事館に掲げることが、私たちが目撃した唯一の儀式である。このようにして新たな港が開かれ、外国貿易と、企業と商業のために、手付かずの土地が使えるようになった。
　計画されている兵庫の広大な居留地は、あちこちに道路の位置を示す杭があり、防波堤、築堤が、運上所と公館と同様に、ほぼ完成しているだけの、何もない静かな空き地である。土地の競売は、おそらく今月末になされるであろうということを、われわれは仄聞している。

(3) 外国人が見た神戸開港

　神戸と大坂が開港・開市した翌1月2日、米国弁理公使ファン・ファルケンバーグは、スチュアート国務長官宛に報告書を送った[31]。

　　本官は、12月21日にシェナンド号で、この港に向けて横浜を出港し、23日の午後、兵庫に碇を下ろしたことをご報告することを光栄に存じます。到着したとき、ベル少将のハートフォード号と、彼の艦隊のイロキオイス号、アルーストック号を見つけました。もう1隻は25日に、オネイダ号は28日に到着いたしました。同時に、7隻の英艦と2日後にサラミス号が到着するのを見ました。きわめて多数の船と蒸気船が停泊地に停泊していました。兵庫の代理公使であるポール・フランクもシェナンド号で同行しました。
　　昨年5月に作成された契約書のコピーはそのときにお送りいたしておりますが、日本政府はその契約書に基づいて外国人居留地として建設されることとなった土地の準備と、

必要な保税上屋と運上所の建設に熱心に取り組んでいます。これらの事業は未来に向けての段階であり、まだ完成されているものではなく、本官の上陸後の最初の仕事は、この業務をしている責任者にあらたに尽力をするようせきたてることでありました。

彼の地において、本官は代理領事のために、居留地に近いところに快適な仮住居を確保し、彼に、港に於ける官憲に関する必要な情報を与えました。

本官は、12月28日に当地に到着しましたが、シェナンド号は前の寄港地の兵庫から11マイルしか離れていない河口に投錨しています。本官は29日の朝、シェナンド号がお返しに答礼砲を撃った日本側の要塞の礼砲に迎えられて当地に上陸し、本官が昨年5月に来たときに占有していて本官のために仮公使館として取っておいてもらっていた同じ雲竜寺（ウンリュウジ）を確保しました。

大英帝国の代表団は、英国国王の軍艦アドベンチャー号で、シェナンド号と同じ日に横浜を出港して当地に直行し、12月23日の夜に到着しております。

フランス公使、ロプラス号[32]で30日頃に、イタリアとプロシアの代表は31日に到着しました。現在兵庫にいるオランダの代表は当地に日帰りで来るだろうとみられています。松本インダユウ（最近米国を訪問した重職たちの一人で、大坂奉行補佐の役所に昇進している）の監督により、この町の外国人居留地として選ばれた土地はほぼ完成に近く、数日後には使えるようにして、区画を競売に付するのに満足できるようになると本官は考えます。

当地と兵庫両地におけるこれらの区画の、驚くような価額と条件については、日本政府との間でまだ何も協定は結ばれていませんが、現在折衝中であり、その結果を、この公文書を運ぶ便でお届けできると思います。

当地の領事代理に任命されたW. H. Morse氏はまだ到着しておらず、兵庫におりますが、数日後に当地に来るでしょう。私は、彼のために居留地の隣に小さな日本家屋を予約しておりますが、そこはたいへん居心地がよい領事館となることでありましょう。彼は若くてよい性格と資質を持った男で、事務員、商人として、長い間横浜に住み、いま貿易会社を設立するために当地に来ております。

1日の正午には、兵庫と大坂の両地において日本国旗がアメリカ、イギリス、フランスの艦船に掲げられ、同様の儀礼は、大坂の要塞と兵庫の停泊地に投錨中の日本の艦船でもなされました。これがこれらの場所を開くのに際して目撃された唯一の儀式でありました。

本官の当地到着直後に、大英帝国女王陛下の代表団とともに、本官は大君の老中でありこの目的のために京都に来た板倉伊賀守に会見し、この町と兵庫の港を開くために必要な準備と規則を取り決めました。これらは、12月の最終日に結論を出し、本官の同僚たち、日本政府、そして本官のすべての合意を得て、1月の初日に公表されました。本官は次のとおりそのコピーをお送りすることを光栄に存じます。

同封1：「大阪における外国人の貿易と居住に関する規則」

図2-2　海から見た開港当日の神戸
手前右は英国領事館（旧海軍操練所跡に開設）で、英国国旗が見える。正面が建設中の居留地。
（『絵入ロンドンニュース』1868年3月28日号）

同封2：「兵庫と大阪の間をむすぶ、牽引船、はしけ、旅客船の創設に関する規則」
　本官は、さらに、同封3の「1月1日に、米国居留民宛てに本官が出した、兵庫と大坂がその日に開港、開市したことを知らせる通知文」を送付します。本官のこの活動が閣下の認可を得られることを願いつつ。

(4)「神戸事件」

　慶応4年1月8日（1868年2月1日）、将軍徳川慶喜が大坂城を脱出して江戸へ逃れた。これを知った兵庫奉行柴田剛中も、1月9日、英国船オーサカを用船して江戸へ逃げ帰った。剛中は逃れるとき、かごの外側をむしろで覆い、商家の船荷を装って海岸に出て船に乗り込んだ[33]。兵庫奉行の任地逃亡で兵庫・神戸は無政府状態となった[34]。

　柴田の逃亡から2日後の1月11日、神戸で備前藩兵と外国軍隊の衝突事件が起きた。後に「神戸事件」とよばれる事件である。

　維新政府は、尼崎藩を牽制するため、備前藩に西宮への出兵を命じた。尼崎藩を幕府寄りと疑っていたためである。西国街道を東進していた備前藩兵の隊列が居留地北西の三宮神社前にさしかかったとき、外国人水兵が隊列を横切ろうとし、それを制止しようとした藩兵との間に小競り合いが起きた。外国人水兵が拳銃を構えため、藩兵が威嚇射撃をした。

　イギリス領事館にいたパークス公使が、神戸沖の各国軍艦に、あらかじめ取り決めていた非常信号を送った。領事館は海岸沿いの旧海軍操練所の建物にあった。

図2-3　運上所に向けて進軍するアメリカ軍
中央建物が運上所。外国国旗が翻っている。(Harper's Weekly 1868年5月8日号)

　外国側は直ちに陸戦部隊を編成し、アメリカ、イギリスの兵士が上陸して、備前藩兵と交戦状態となった。事態の重大さに気づいた指揮官の備前藩家老日置帯刀の命令で、藩兵は本格的な戦闘を避け、裏山へ逃げた。この衝突で双方に死者は出ていない。
　連合軍は居留地を占拠し、湾内に停泊していた諸藩の汽船6隻を抑留した[35]。事件直後、各国代表は「備前藩が満足な釈明をしない限り列国は交戦と認めて処理する。日本全体の災難になるだろう」との脅迫的な抗議文を日本側に送った[36]。
　維新政府は倒幕に成功して政権を握ったけれども、外国側からはまだ正当な政府としては認められていなかった。当時、国交関係があった欧米11カ国と通商条約を結んでいたのは幕府であり、日本の元首は将軍と規定されていたからである[37]。維新政府は、この衝突事件を処理する機会を利用して、政権交代を外国側に通告することとした[38]。
　1月15日正午、勅使東久世通禧が、神戸の運上所で6カ国代表と会見した。東久世は、まず、「天皇親政の国書」(10日付)を外国側に交付して政権交代を告げ、今後の外交関係は維新政府が万国公法(国際法)に従って行うことを宣言した。ついで、事件について、日本側の全面的な責任を認め、今後、外国人の生命・財産を保護すること、外国側が要求した備前藩責任者を処刑することを約束した。外国軍の撤退は直ちに行われ、汽船の返還も実行された[39]。神戸が維新政府初の

外交舞台となった。

　備前藩の現場指揮官瀧善三郎が衝突の責任を取らされ、外国側の立会いのもと、兵庫永福寺で切腹した。外国側が初めて見た日本の切腹の儀式である。

3．神戸外国人居留地

(1) 居留地建設

　突貫工事で進められていた居留地の建設は、幕府が崩壊したため一時中断していた。外国側から、居留地を早期に開設してほしいとの強い要望が出され、慶応4年閏4月、兵庫裁判所外務局が工事を再開した[40]。5月23日、新設の兵庫県に伊藤俊輔が初代知事として就任した。伊藤は、居留地設計の見直しを英国人技師J・W・ハートに依頼した。

　居留地建設工事は、普請用達・島屋久次郎が新たに請負った。神戸村や付近の住民も手伝いに駆り出された。鯉川以東の海岸200間（363m）の護岸築造、地域内の整地、外囲の溝渠600間（1,090m）、生田川堤防の修築の順で工事が行われ、基礎工事は6月に完了した。7月21日、伊藤は各国領事に居留地地図を贈り、その竣工を通告した[41]。

　神戸外国人居留地は、生田川、鯉川、西国街道、海岸に挟まれた東西530m、南北最長553m、最短334mの長方形の区画である。全体は22街区・126区画に整然と区割されている。居留地中央に幅90フィート（27m）の南北メイン道路があり、歩車道分離で、海岸通に緑地帯兼プロムナードがあり、排水を海に流す下水道が南北道路に埋設され、街路樹やガス灯、レクリエーショングランド（東遊園地）が整備されている[42]。

(2) 居留地「永代借地権」競売

　居留地工事は6月末に完了した。外国人に居留地の土地の「永代借地権」を競売し、落札者に土地を貸与することとなった。外国人には土地の所有権が認められなかった。

　競売は計126区画（40,178坪）を対象に4回実施した[43]。

　　第1回：明治元年7月24日（1868年9月10日）36区画（14,332坪）

表2-1　居留地落札者国籍別内訳　　（カッコ内は％）

国名等	落札者数	区画数	面積（坪）
イギリス	40　(43.0)	64　(50.8)	19,664.10　(49.0)
プロシア	19　(20.4)	23　(18.3)	6,820.43　(17.0)
オランダ	11　(11.8)	15　(11.9)	5,360.06　(13.3)
アメリカ	10　(10.8)	11　(8.8)	4,318.54　(10.8)
フランス	11　(11.8)	11　(8.8)	3,362.41　(8.3)
イタリア	1　(1.1)	1　(0.7)	295.00　(0.7)
居留地行事局	1　(1.1)	1　(0.7)	357.77　(0.9)
合　計	93　(100.0)	126　(100.0)	40,178.31　(100.0)

楠本利夫『増補国際都市神戸の系譜』（公人の友社、2007年）

　第2回：明治2年4月21日（1869年6月1日）25区画（ 7,421坪）
　第3回：明治3年4月16日（1870年5月16日）60区画（16,949坪）
　第4回：明治6年2月17日（1872年2月17日） 5区画（ 1,476坪）
　落札者の国籍別内訳は、表2-1のとおりである。

(3) 雑居地、外国人遊歩区域

　神戸開港日、居留地はまだ工事中であった。工事が遅れたのは、兵庫開港についての勅許が遅れたためである。条約で居留地内に住むこととされていた外国人は住むところがなかった。

　慶応4年3月3日(1868年4月22日)、外国人は居留地外の居住を認めるよう日本政府に陳情した。伊藤知事は、各国領事宛に書簡（3月7日付）を送り、日本人と雑居できる区域を認めた。雑居地は、生田川と宇治川、海岸と山麓に挟まれた区域である。

　神戸開港の半年後には、長崎、横浜から中国人10数名が神戸に移住してきた。居留地の欧米人は、中国人を買弁、通訳などに従事させていた。清国は「条約締結国」ではなかったので、中国人は居留地に住むことが認められなかった。中国人は、鯉川をへだてた居留地西側に住み着いた。そこは後に「南京町」と呼ばれるようになった。

　条約で、外国人が移動可能な区域として「外国人遊歩区域」が設定されていた。

その区域は県庁から半径10里以内であった。

(4) 外国領事館

神戸開港に伴い、各国は神戸に領事館を開設した。大坂にも各国は領事館を開設したが、大坂領事館を神戸領事の管轄下に置き、出先的な扱いとする国が多かった。

居留地の建設が開港に間に合わなかったため、開港直後、アメリカ、イギリス、オランダ、プロシア、フランスは、領事館を居留地の外側周辺に開設した（図2-4）。

図2-4 開港直後の居留地と外国領事館（『神戸市史 付図』）[44]

神戸に最初に領事館を開設したのはアメリカである。アメリカは、慶応3年11月10日（1867年12月5日）神戸村庄屋の生島四郎太夫の屋敷を借り上げて仮領事館を設置した。場所は、現在の海岸通の郵船ビルがある地点である。アメリカ領事館前の波止場は「メリケン波止場」と呼ばれた。

イギリスは、海軍操練所跡に領事館を開設した。海軍操練所は幕末に勝海舟が将軍家茂に建言して開設したものである。場所は、現在の京橋インター付近である。

フランス領事館は、現在の栄町と鯉川筋の交差点の栄町側に、プロシア領事館は現在の元町通出口付近に、オランダ領事館は現在のみなと銀行付近にそれぞれ開設された。

(5) 居留地返還

明治27（1894）年、政府はイギリスとの間に「日英通商航海条約」を締結し、治外法権の撤廃、内地開放、関税率の一部引き上げが実施されることとなった。ここに明治政府の悲願であった不平等条約撤廃がやっと実現することとなった。政府は、明治30年末までに、各国と同内様の条約を締結した[45]。

これら条約の発効により、居留地が日本側に返還されることになった。

居留地返還式は明治32（1899）年7月17日午前10時から居留地行事局で行われ

た。場所は現在の大丸デパートがある区画の南東の一角である。兵庫県知事大森鐘一が日本側を代表し、外国側は居留地会議副議長A.C.シムが代表した。シムは神戸レガッタ＆アスレティック・クラブ（K.R&A.C）の創設者として知られている。神戸市長、裁判所長、税関長、港務局長、県高等官、居留地会議議員、主要外国商人が出席した。大森知事のあいさつに続き、両代表が引継書に署名した[46]。続いてフランス領事ド・ルシイ・フォサリュウがあいさつをした。

　30年前、日本当局がわれわれ外国人に神戸の居留地を引き渡した時、その地は正真正銘の砂浜でした。今日、私たちはその同じ場所を美しい建物が建ち並び、倉庫という倉庫には商品があふれた立派な町に変えて日本政府に返還致します。この町こそ西洋諸国民の才能の真髄を示す実例であり、象徴であります。その旺盛な進取の気風、倦むことのない企業精神、忍耐、倹約、そして商業経験、これらが神戸の発展に大きく寄与してきたのです。居留地の歴史はそのまま神戸の歴史を述べることになるでしょうし、神戸の歴史を抜きにして居留地の歴史も語れません。この30年間、居留地内で特筆されるような大きな変動や紛争はひとつもありませんでした。広く美しい並木通り、夜間ガス灯が明るく照らし出す見事な煉瓦造りの歩道、石畳の十字路、今後さらに美化され利用度

図2-5　返還直後の外国人居留地
居留地が日本側に返還された後も、外国企業はそのまま旧居留地で活動を続けた。新たにオフィスを建設する外国企業もあった。日本企業も居留地に立地した。旧居留地は栄町通とともに神戸を代表するビジネス街となった。（田中鎮彦『神戸港』（1905年）

が高められようとしている遊園地、この整然としていて清潔な神戸居留地のたたずまいがいたるところで話題を呼び、「極東のモデル居留地」という賞賛をいただいております。しかし、何びとも短時間でそのすばらしさのすべてを知ることは不可能です。絶えず下水道を点検し、街路や建物の清掃に心がけ、常に衛生設備に留意を怠らず、能率的に警察を維持し、留置場や墓地の保全に努力しました。

日本側が引き継いだものは、公園3、墓地2、消防器具1式、ガス灯94基、防火井21か所、及び居留地会議経費計算簿15冊、会議録4冊であった。兵庫瓦斯会社との契約、居留地巡査、居留地雇医師の給与などについても取り決められた。

居留地が日本側に返還された後も、外国企業はそのまま旧居留地で活動を続けた。新たにオフィスを建設する外国企業もあった。日本企業も居留地に立地した。旧居留地は栄町通とともに神戸を代表するビジネス街となった。

4．神戸開港の意義

神戸開港の意義の第1は、1868年1月1日の開港が今日の国際都市神戸の原点となったことである。

神戸港は第1次、第2次修築工事を経て近代的な港湾施設が整備され、神戸はわが国を代表する港湾都市となった。神戸には造船、鉄鋼、食料品、ゴムなど港湾関連工業が立地し、貿易が盛んになった。

昭和40年代、神戸は海上輸送革新を見越し、コンテナナバースを周辺に配置した海上都市ポートアイランド、六甲アイランドを建設し、1980年代には神戸港は世界トップクラスのコンテナポートとなった。海上都市の建設資金は外債発行により調達した。

開港時の2万4,000人（神戸村、走水村、二つ茶屋村、兵庫津）の人口は、平成23年には154万5,000人になった。

阪神・淡路大震災の壊滅的な被害を乗り越えた神戸は今、開港以来の進取の気風と国際性の蓄積を生かし、神戸空港を活用して医療産業都市など、新たな都市発展を目指している。

神戸開港の意義の第2は、開港により神戸に独自の文化と進取の気風が形成されたことである。開港以来、神戸は外国からの人、物、情報、文化をわが国に導

入する窓口の役割を果たしてきた。外国人たちは欧米のライフスタイルや文化を神戸に持ち込んだ。「異文化空間」の居留地は、神戸の住民にとり、世界を垣間見る「劇場」でもあった。居留地から、クリケット、サッカー、ゴルフなどのスポーツ、洋服、洋菓子、パーマネント機、帽子、シューズ、ゴム、ラムネなどが国内に広がっていった。

　城下町ではなかった神戸には、古いまちにありがちな「しがらみ」がない。城下町の「城」にあたる町のシンボルが、神戸では「外国人居留地」であり「港」であった。日本中から集まってきた人々は、外国人から欧米風のライフスタイルを吸収し、神戸に国際性とモダニズムに富む独自の文化を作り上げた。モダニズムは、時代の先取り精神、先見性である[47]。

　第3は、開港以来、神戸がわが国における多文化共生の先駆けのまちとなったことである。開港した神戸に多くの外国人が移り住み、文化、言語、宗教、生活習慣が異なる人々が、お互いの差異を認めあい、相互の文化を尊重して共存していく多文化共生社会が生まれた。

　神戸にはカナディアン・アカデミー、マリスト国際学校、中華同文学校など、多くの外国人学校があり、外国人向けの病院、教会、クラブ、墓地なども整備されている。神戸は外国人が住みやすい町として知られている。ロシア革命では、新政権を嫌った亡命ロシア人が神戸に移住してきた。関東大震災で被災した欧米人も大挙して横浜から神戸に来て、そのまま住み着いた。

　第4は、開港が神戸の都市イメージを決定づけたことである。神戸ファッション、神戸ナンバーなどの神戸ブランドは人気があり、神戸は住みたいまち、訪れたいまちの上位にランクされている。

　もし神戸が1868年1月1日に開港していなかったら、神戸は瀬戸内海によくある自然と景観に恵まれたリゾート地にすぎなかったことであろう。神戸開港とともに、世界中から神戸に来たチャレンジ精神旺盛な欧米人、勤勉で商才に長けた中国人、日本各地から神戸に移り住んできた人々が、神戸に独特の文化と進取の気風を定着させ、神戸を今日の神戸を魅力ある国際都市に育て上げてきた。

　神戸開港は今日の国際都市神戸の原点であり出発点である。

【注】
1）神戸開港百年史編集委員会『神戸開港百年史』神戸市、1972年、pp.293〜310。
2）石井孝『日本開国史』吉川弘文館、1972年、p.230。
3）神戸外国人居留地研究会編『神戸と居留地』神戸新聞総合出版センター、2005年、pp.12〜13。
4）大塚武松『幕末外交史の研究 新訂増補版』宝文館書店、1967年、p.22。
5）佐野真由子『オールコックの江戸』中公新書、中央公論社、2003年、pp.77〜79。
6）前掲『幕末外交史の研究 新訂増補版』p.24。
7）同上書、p.24。
8）石井孝『増訂明治維新の国際的環境』吉川弘文館、1988年、p.61。
9）前掲『オールコックの江戸』p.108。
10）同上書、p.58。
11）尾佐竹猛『幕末遣外使節物語』講談社、1999年、p.164。
12）小泉信三『福沢諭吉』岩波新書、岩波書店、1968年、p.19。
13）前掲『幕末外交史の研究 新訂増補版』p.47。
14）神木哲男・崎山昌廣編著『歴史海道ターミナル』神戸新聞総合出版センター、1996年、p.186。
15）山下尚志『神戸港と外人居留地』近代文芸社、1998年、p.44。
16）『神戸市史 本編各説』神戸市役所、1923年、『復刻版』名著書房、1971年、p.67。
17）和久松洞『松雲神田翁』精華会本部、1926年、p.167。
18）前掲『歴史海道のターミナル』p.227、228。
19）「船たで場」は、船底をくすべて船虫を駆除し、付着貝殻を除去して船の耐久力を強化するための施設で、幕末に網屋吉兵衛が神戸に建設したものである（落合正信『増訂神戸の歴史 通史編』後藤書店、1989年、p.132）。
20）前掲『歴史海道のターミナル』p.227。
21）『神戸市史 本編総説』神戸市役所、1923年、『復刻版』名著書房、1971年、p.65。
22）『神戸市史 資料三』神戸市役所、1923年、『復刻版』名著書房、1971年、p.345。
23）前掲『神戸市史 資料三』p.346。
24）川崎晴朗『幕末の駐日外交官・領事官』雄松堂出版、1988年、p.281。大坂は慶応4年7月15日に開港場に改められた。
25）The Hiogo & Osaka Herald 1868年1月4日号。
26）新修神戸市史編集委員会編『新修神戸市史産業経済編』神戸市、1990年、pp.2〜3。
27）『神戸港概観』神戸税関、1929年、p.3。
28）村田誠治『神戸開港三十年史』開港三十年紀年会、1898年、『復刻版』中外書房、1966年、p.239。
29）アーネスト・サトウ（坂田精一訳）『一外交官が見た明治維新 上』岩波文庫、岩波書店、2004年、p.21。
30）前掲『神戸港と外人居留地』p.37。

31）ファン・ファルケンバーグ弁理公使発Diplomatic correspondence、1868年1月2日付、前掲『神戸市史資料三』p.15、16、18。訳責筆者。
32）The Hiogo & Osaka Herald 1868年1月4日号では、"Lo place"となっている。
33）前掲『増訂神戸の歴史　通史編』p.141。
34）同上書、p.141。
35）前掲『兵庫県百年史』pp.75〜76。
36）同上書、p.77。
37）鳥海靖他編『日本近現代史研究事典』東京堂出版、2004年、p.42。
38）同上書、pp.42〜43。
39）前掲『兵庫県百年史』pp.78〜79。
40）前掲『兵庫県百年史』p.88。
41）同上書、p.88。兵庫県の設置経緯は、1月22日、兵庫鎮台設置、2月2日、兵庫裁判所設置、5月23日、兵庫県設置であり、伊藤俊輔初代知事に就任した。同上書、p.85。
42）前掲『神戸と居留地』p.19。
43）前掲『神戸市史　本編各説』pp.651〜664。
44）『神戸市史　附図』神戸市役所、1923年、『復刻版』名著書房、1971年。
45）前掲『神戸と居留地』p.38。
46）前掲『神戸市史　本編各説』pp.684〜685。
47）神戸商工会議所百年史編集部会『神戸商工会議所百年史』神戸商工会議所、1982年、pp.8〜9。

第3章
神戸のファッション
―おしゃれな町・神戸の過去・現在・未来―

はじめに

　神戸は、1973年に「神戸ファッション都市宣言」を全国に発信した。その後、神戸は、「ファッション」に力点を置き、ファッション都市にふさわしい施策を実施してきた。現在、その名のとおり、神戸は、おしゃれな町の代名詞として、一度は訪れ住みたい町として若い女性の憧れの的となっている。その背景には、兵庫の開港以来、異国文化をいち早く取り入れた人々のライフスタイル[1]やファッション都市のイメージ形成にふさわしい風土、そしてアパレル[2]を中心としたファッション関連産業界の積極的な取組み等などあげられる。しかし1990年以降の日本経済の低迷や近隣諸国の経済変化、少子高齢化、地球環境問題など生活環境は激変し、1995年、神戸は阪神・淡路大震災に遭う。多くの人々が悲しい体験を強いられた。反面、ライフスタイルの多様・個性化が世界レベルで定着しつつあり、年齢や性別、国境を超えて、ファッションやデザイン、アートを生活の中に取り入れ楽しむ人々も増えている。本章は、神戸のファッション産業の軌跡を踏まえ、今後の神戸ファッションの方向性を探り、再考する。

1. 生活文化を彩るファッション

ファッションの語源は「factio」といい、ラテン語で行為・作法・様式を意味する。その後、フランスに入り、「façon」、アメリカに伝わり、「fashion」となった。ファッション（fashion）の意味は、はやり。流行。特に、服装・髪型などの流行と示されている（『広辞苑　第五版』）。しかし、神戸市のファッション都市施策においては、ファッションの意味をより広義に捉え、「ファッション産業を服飾（アパレル～服飾雑貨）だけに限定することなく、地域の市民生活に結びついた衣・食・住・遊の各分野において新しいライフスタイルを提案する産業」と定義づけ、現在までさまざまな取組みを推進している。

2.「おしゃれな町・神戸」の変遷

(1) 兵庫開港と居留地の誕生

神戸は、慶応3年(1868年1月)、兵庫（神戸）開港に伴い、進取性に富む文化的個性を持つ都市として発展してきた。当時の神戸村の郊外、生田の森（東は旧生田川、西は鯉川筋からメリケン波止場、北は大丸前の東西道路、南は海岸通）には、外国人居留地（約5万坪の外国人専用特別区域、1868～1899）が建設され、126区画に分けて競売された。当時、居留した外国人は、1869(明治2)年で8カ国185人、1893(明治26)年には、1,768人と約10倍に急増したとされる。欧米

図3-1　摂州神戸海岸繁栄之図　(1871：明治4年)
神戸・横浜「開花物語」神戸市立博物館、1999年、p.49

系では、イギリス人が最も多く、続いてドイツ人やアメリカ人が多く占めていた。居留地は、貿易業を中心に発展し、神戸港は、1887（明治20）年頃には、輸入で日本全国の貿易額の1/3（石炭、石油、綿花など）、輸出では、1/4（茶、マッチ、絹織物、綿糸、陶磁器など）を占めるに至った。このように、居留地は、貿易の中継基地であるとともに欧米をはじめとする外国文化が行きかう窓口となり、神戸には、西洋のライフスタイルが定着した。これらの変遷から神戸は、異国情緒あるおしゃれな「文化」や「街並み」が、多く誕生したのである（図3-1）。

(2) 居留地にみる外国人文化

　神戸は、陸海軍服の制定や散髪脱刀令など、国をあげての欧化政策とあいまって、開港以来、全国に先駆けて文明開化を実践してきた。居留地に住む外国人たちは、母国と同じ生活を神戸の地に持ち込んだ。洋館に居住し洋服や帽子、靴、傘、アクセサリーを身に付けた。西洋料理を食べ、洋菓子と紅茶を囲んで、友人との会話を楽しんだ。私生活では、母国のスポーツである競馬やクリケット、陸上競技、フットボール（サッカー）、テニス、登山、ゴルフ、レガッタ、ヨットなどにいそしみ、さまざまなスポーツクラブを結成した（写真3-1）。娯楽として、写真やアマチュア演劇も楽しんだようである（写真3-2）。居留地の情報が行きかう中、情報を伝達する手段として、英字新聞の『ヒョウゴ・アンド・オサカ・ヘラルド』が創刊された。その後、日本語新聞の『湊川灌餘』『神戸港新聞』『神戸又新日報』が創刊された。ラフカディオ・ハーン（小泉八雲）は、神戸のコー

写真3-1　K.R&A.Cのレガッタ・チーム（1885：明治18年）
神戸・横浜「開花物語」神戸市立博物館、1999年、p.88。

写真3-2　アマチュア演劇「Abdul Hassein」
（1897：明治30年）
神戸・横浜「開花物語」神戸市立博物館、1999年、p.99。

ベ・クロニクル社に勤務し、日本愛好者として有名である。また、アメリカの宣教医師ヘボン（James Curtis Hepburn, 1815-1911）による本格的な和英辞典も制作された。

（3）居留地から生まれたファッション産業

　外国人居留地には、日本で初めて見たり聞いたりするものが多く誕生し、人々の生活を大きく変化させていった。1870（明治3）年に元居留地（現神戸市役所東遊園地附近）30番館でイギリス人のカベルデュが、紳士洋服調整[3]を開業し、16番地に「P. S. カベルデュ商会」を設立したのが神戸における洋服商の始まりとされる。1876（明治9）年頃から21番地にはベルゴー夫人の婦人服洋装店が開業し、当時、和服を着用していた日本人にとってめずらしくもある西洋の衣服はあこがれの的となった。居留地には、諸外国の商売の仕方や新しい技術の習得を目指して、多くの日本人たちが集まってきた。神戸洋服商の柴田音吉もそのひとりである。彼は、紳士服縫製の技術を学び、1884（明治17）年に日本人初のテイラーとして開業した。また西洋の服装には欠かせない帽子、傘、靴、ステッキ、アクセサリー、靴下なども居留地近隣の産業として誕生している。食文化としては、日本には獣肉を食べることを嫌う風習があった反面、外国人の増加と共に牛肉の需要も高まり、牛鍋専門店が開業され、すき焼きや煮物、刺身などさまざまな肉料理が紹介された。そしてパン、紅茶、洋菓子、ラムネなど、西洋のめずらしい食べ物が神戸の地に取り入れられていった。このように外国人から学んだ新たな技術と日本人が先人から培ってきた知識や技術が融合され、日本人のモノづくりへの意識が変わるとともにライフスタイルも大きく変容していったのである（図3-2）。

図3-2　諸工職業競　舶来仕立職
（1879：明治12年）
神戸・横浜「開花物語」神戸市立博物館、1999年、p.67。

（4）西洋文化との融合から生まれた神戸ファッション

　神戸市が提唱するファッション産業は、服飾だけに限定することなく、地域の市民生活に結びついた衣・食・住・遊の各分野において新しいライフスタイルを提案する産業である。現在においては、神戸のアパレル、神戸洋服、真珠、靴（ケミカルシューズ、神戸靴）、洋菓子、コーヒー、洋家具、スポーツ用品産業として継承され、「神戸のファッション商品」として主力産業となっている。そして、兵庫県下の伝統的地場産業である靴下、鞄、播州織、皮革、スポーツ産業（ゴルフ用品、釣針、釣具）、丹波ちりめん、毛皮、醤油、瓦、鯉のぼりなども、日本の伝統技術や産地特性を活かしながら、欧州のデザインを取り入れつつ、品質やデザイン性の高い商品づくりが行われている（表3-1）。

表3-1　神戸ファッション産業とは「衣・食・住・遊」の生活文化に関わる産業

	衣	食	住	遊
神戸	アパレル、神戸洋服、真珠、ケミカルシューズ、神戸シューズ、帽子など	清酒、洋菓子、パン、コーヒー、紅茶、ワイン、プリン、ディナーレストランなど	洋家具、ブライダルなど	スポーツ（シューズ、ウェア、ゴルフ、テニス）、クリスマス用品など
兵庫	靴下、鞄、播州織、皮革、染色、縫製、毛皮、作業手袋、杞柳製品など	醤油、素麺、乾麺、姫路の菓子、凍豆腐など	家具、建具、瓦、利器工匠具、家庭刃物、畳、錨、にかわ・ゼラチン、出石焼、立杭焼など	スポーツ（釣針、釣具、ゴルフクラブ）、鯉のぼり、玩具、線香（アロマセラピー）など

出所：『神戸ファッション産業規模地調査』（財）神戸ファッション協会、2009年、p.3、より作成。

3．ファッション都市づくりの基本構想と変遷

　神戸経済は、開港から戦後の高度成長時代にかけて、貿易を中心とした海運、造船、鉄鋼、ゴムなどの産業で支えられてきた。しかし地形のよる拡張用地の確保難や度重なるオイルショック、円高の影響により、重厚長大産業は、大きな打撃を受けた。神戸経済を巨視的に捉えると、基盤は今日も港湾や重化学工業だが、単一機能都市は、経済変動や構造変化に対し抵抗力が弱い。そのような背景の中、神戸市の施策において、ファッション都市、コンベンション都市、国際観光都市

づくりの推進が図られ、産業・都市・市民が三位一体となった多機能複合型の産業構造への転換が行われた。

(1) 神戸ファッション都市宣言の公表
　1973年1月、オイルショックが契機となり、神戸は、地の利と産業構造を活かした国際ファッション都市を目ざして、ブラウス関連のアパレル企業や地場産業界と団結し、市や業界あげての「神戸ファッション都市宣言」を全国に先駆けて発表した。以来、神戸は、衣・食・住・遊など生活に潤いを与えるものを「ファッション」と捉え、産官学民が一体となって、神戸の「ファッション都市づくり」を推進した。

(2) 「神戸ファッション」というブランドの確立
　1) アパレル産業の推移
　1970年代、日本が高度成長時代に入ると、繊維や衣服産業の分野でファッション産業やファッションビジネス産業という言葉がよく使われるようになった。個性を重視し始めた消費者は、衣料消費に対してモノへの物理的欲求に加え心理的欲求を求め、デザインの美しさやカッコよさ、トレンドを着るなどに価値を見いだした。その価値を、流行（ファッション）と捉え、流行は情報産業であり、ファッション産業界は、これからの付加価値を生み出す産業として期待され、成長していった。
　神戸のアパレル産業における紳士服は、テーラード主体に高い技術が脈々と受け継がれている（写真3-3）。婦人服は、既製服が主流となる中、アパレルの中心は、ニットとブラウスの流れを汲む婦人服とベビー・子供服の産業が日本の経済発展と共に成長していった。その間に商品企画・デザインと卸売機能を中心に、生産は外部との連携という現在のアパレル企業のスタイルを確立していった。

　2) 神戸発「ニュートラファッション」
　1970年代に入り、神戸のアパレルメーカーが製造していた若い女性向けのファッションは、ファッション誌『an・an』が「ニュートラ」と称して、全国に発信した。ニュートラ（New Traditional）とは、時代の流行にとらわれること

写真3-3　紳士服おあつらえ業　　　写真3-4　神戸発「ニュートラファッション」

なく長年にわたって培ってきたファッションスタイルを示す。その特徴は、上品（エレガント）で保守的（コンサバティブ）なお嬢様スタイルを表現している（写真3-4）。神戸のアパレル企業は、外国人居留地の異国情緒あふれるおしゃれなライフスタイルを背景に、「エレガンス志向」「山の手のお嬢様」ファッションを神戸の特徴として全国に発信していったのである。神戸ファッションは、日本の西地区のおしゃれなエレガンスファッションの代名詞ともなり、神戸エレガンス、神戸ファッションとして独特のテイストで若い女性の憧れファッションとして浸透していった。そして1975年頃よりファッション誌『JJ』や『CanCam』などが頻繁に取り上げ、神戸ファッションは、一大ファッションブームとなり、現在に至っている。

3）ファッションタウンの誕生

「神戸ファッション都市宣言」によりファッション都市構想の実現に向けて、1983年、ポートアイランドに「21世紀の神戸の新しい海上文化都市」が建設された。この地は、ポートピア'81（神戸ポートピア博覧会）の会場となり、1,600万人が神戸に訪れ、地域博覧会の見本になるとともに日本の西地区のおしゃれな街として全国に紹介された。その2年後、ポートアイランド中央部分にファッション都市・神戸を象徴する街「ファッションタウン」が誕生した。ファッションすなわち、生活文化と捉え、ライフスタイル提案型のファッション系企業（アパレル、真珠、コーヒー、洋菓子など）が、地元神戸・兵庫を中心に全国から集い、「より快適でより美しいものの追求」をテーマに21世紀の新しい街づくりに挑戦した。

4）第1回神戸ファッションフェスティバルの開催

　1989年、ファッション産業の国際的な飛躍と発展を目指し、京阪神3都市を会場とした「ワールド・ファッション・フェア」が開催された。神戸は、スペインをテーマに、シビラ・ソロンド、ロエベなどのコレクションや若手デザイナーによるファッションショー、兵庫県内の地場産業を一堂に集めた展示会などを企画・実施した。神戸ファッションタウンの完成を祝う「神戸ファッションタウン街びらき」、グルメもファッションという切り口から「グルメディアKOBE」もあわせて開催された。

5）任意団体「神戸ファッション協会」の誕生

　「ワールド・ファッション・フェア」の終了後、ファッション産業の中核となる組織の必要性が提唱された。その要請を受け、1991年3月、兵庫県、神戸市、神戸商工会議所と地元経済界が設立に向けて協議を重ね、同年5月、任意団体として「神戸ファッション協会」が発足した。その後、1992年8月、財団法人化を果たし、本協会を中核に、神戸を中心とする兵庫県下のファッション産業は、協力・連携しながら進展していく。

6）震災によるファッション産業への被害、そして復興へ

　1995（平成7）年1月17日に発生した阪神・淡路大震災は、神戸に甚大な被害をもたらした。この震災により、ファッション産業も、製造業から商業・サービス業に至るまで、ほとんどすべての業種が被害を受けた。直接の被害額は、社会・産業の資本ストックだけでも約6兆8,000億円と推定されているが、間接被害も含めると、さらに拡大するものと思われる。産業界の一刻も早い産業復興を目指し、同年5月に「KOBE MESSE'95～神戸ファッション産業復興合同見本市～」が開催された。ケミカルシューズや真珠をはじめ、洋菓子、清酒、コーヒーなどの食品や化粧品、雑貨といった神戸および

写真3-5　神戸ファッション美術館全景
出所：『神戸の経済2010』神戸市産業振興局、2010年

兵庫県内の生活文化関連産業に関わる企業が集結し、一大イベントを開催した。震災後、初めての本格的なビジネス見本市として注目を集め、産業界は復興の第一歩を踏み出した。その後、ファッションをテーマにした日本初の美術館「神戸ファッション美術館」が、1997年4月に神戸市東灘区にある海上都市「六甲アイランド」に開館した（写真3-5）。ファッション教育と人材育成、産業の推進を目指すとともにファッション作品の展示や関連資料の保存、研究会の開催、ファッション情報の収集と発信などさまざまな取組みを行っている。

7）神戸のファッション産業を再考する

神戸ファッション都市宣言から30年目を迎えた2003年、「神戸ライフスタイル展～モノでみる神戸の歴史と未来～」が神戸ファッション美術館で開催された。震災から8年経過した神戸にとって、ファッション都市神戸の歴史を再考し、現在を認識し、未来を提案する企画イベントであった。神戸の歴史をトアロード（旧居留地と山手を結ぶ1kmほどの坂道）に見るハイカラ文化から探り、神戸マイスターに認定された匠たちの技や現在の神戸を象徴する神戸ファッションなどを現在から紹介する。未来ゾーンでは、ペットボトルを再利用した新素材で作る学生服やだれにとっても使いやすいユニバーサルデザインの概念を取り入れた工業製品など、これからの神戸に求められるデザインを紹介した。

4.「ファッション都市・神戸」の現状

(1) 神戸のファッション産業の現状

神戸のファッション産業の現状を『神戸ファッション産業規模調査平成21年3月』（神戸ファッション協会発行）から抜粋し、引用する。

2007年までの産業規模を、表3-2でまとめている。2007年のファッション関連11業種の産業規模（アパレル、スポーツ大手は連結決算数値）は、売上高1兆5,194億円、企業数1,364社、従業員数4万7,801人と、2004年と比較して、売上高は15.3％増、企業数は11.8％減、従業員数は27.1％増となっている。産業種のうち、アパレル、洋菓子、スポーツの3業種が売上高を伸ばしている。その要因として、中国・アジア、欧米などに生産だけでなく、マーケットとして捉え進出する業種

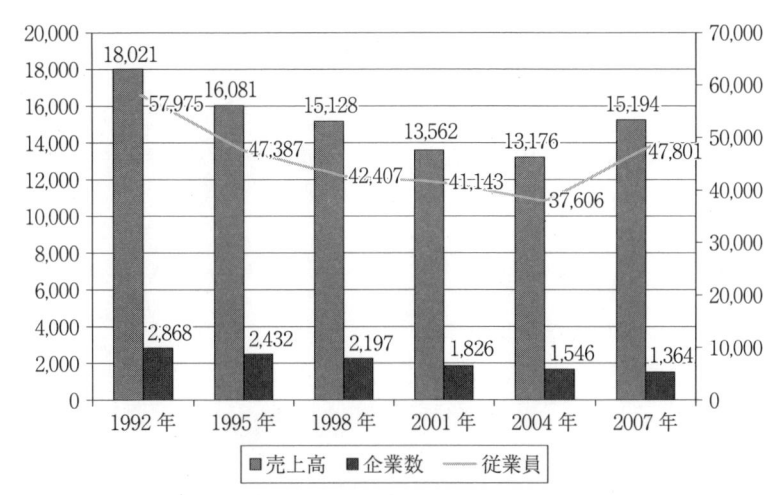

*神戸ファッション産業：アパレル、清酒、真珠、洋菓子、ケミカルシューズ、洋家具、靴下、豊岡鞄、播州織、皮革、スポーツ産業
出所：神戸ファッション産業規模調査（平成20年度版）
発行：財団法人神戸ファッション協会

図3-3 神戸ファッション産業の規模の推移

も増えたこと、メイド・イン・ジャパンが見直されていること、各産業同士のコラボレーションが進展していること、スイーツブームにより神戸の洋菓子など食品関連の業種が伸びていることの4項目があげられている。

一方、需要の変化への対応の遅れや中国・アジア製品との競合などの課題がある地場産業については、依然として売上高や生産額は減少している。

このように、ファッション産業界では、一部には明るい兆しが見られるものの、中小企業は厳しい状況にあり、全体としては依然厳しい状況が見受けられる。

（2）「ファッション都市・神戸」の取組み

ファッション都市・神戸のイメージアップは、地域経済の活性化につながる。（財）神戸ファッション協会が中心となり、ファッション情報の発信や人材育成を積極的に実施している。以下の諸事業の現状を産業界や教育機関と連携しながら、ファッション都市・神戸を全国に発信している。

1）ファッション情報の発信
① 神戸ファッションウィーク

多くの人におしゃれな神戸に来てもらおうと、2006年から春と秋の年2回開催されているイベントである。期間中は、ファッションをキーワードに、さまざまな企業やショップが連携し、神戸コレクションや各ブランドのファッションショー、ライブイベントを開催している（写真3-6）。

写真3-6 神戸ファッションウィーク（オープニングイベント）
出所：『神戸の経済2010』神戸市産業振興局、2010年

② 神戸コレクション

神戸発のアパレルメーカーやセレクトショップ、デザイナーが若い女性に提案するリアル・クローズ（実際に着ることができる最新の服）のファッションショーである。2002年秋冬から年2回のペースで開催されている。ファッション雑誌、テレビ、ウェブサイト、携帯サイトなどのメディアミックスによる新たなPRで、若い女性を中心に話題を呼んでいる。2004年からは、大人の女性を対象にファッションショーとパーティを組み合せた「神戸コレクションプリュス」も行われている。さらに2007年1月には、海外初の「神戸コレクション」が上海で開催され、神戸のエレガンスファッションは、日本から中国市場へと拡大している（写真3-7）。

写真3-7 「神戸ブランドフェア"神戸in上海"」
出所：『神戸の経済2010』神戸市産業振興局、2010年

③ 洋菓子フェスタ in KOBE

神戸の伝統的な地場産業「洋菓子のまち・神戸」をPRするイベントである。工芸菓子の展示販売や有名パティシエによるケーキ教室、洋菓子関係の書籍や製菓器具、材料の販売を通して、広く市民に洋菓子の魅力を知ってもらうことを目的としている。洋菓子ブームと重なり、女性を

写真3-8 洋菓子フェスタ
出所：『神戸の経済2010』神戸市産業振興局、2010年

中心に人気を集めている（写真3-8）。
　④　灘の酒と食を愉しむ会〜兵庫県下の地場食材の饗宴〜

　お酒をはじめ、地元食関連産業の振興に寄与することを目的に、「灘の酒と神戸・兵庫の地場食材」のPRを図ったイベントである。利き酒、景品の抽選などのイベントと神戸ビーフ、惣菜、珍味など各種食材と灘の酒などが披露され、グルメ通には欠かせないイベントになっている（写真3-9）。

写真3-9　灘の酒と食を愉しむ会
出所：『神戸の経済2010』神戸市産業振興局、2010年

2）ファッション人材の育成
　①　神戸ファッションコンテスト
　モードクリエーターを目指す若きクリエーターにヨーロッパへの海外留学のチャンスを提供する歴史あるコンテストである。1974年に始まり、これまでに毎年海外留学生を送り出し、国内外で活躍するクリエーターを多く輩出している（写真3-10）。

写真3-10　神戸ファッションコンテスト
出所：『神戸の経済2010』神戸市産業振興局、2010年

　②　ドラフト！
　若手クリエーターをショップデビューさせるオーディションイベントである。1次審査は、全国の若手クリエーターの作品に対する書類審査で、2次審査は、有力セレクトショップの各バイヤーたちによる展示会形式による商談がある。合格すれば、作品を有力セレクトショップに商品として展開することができ

写真3-11　ドラフト！
出所：『神戸の経済2010』神戸市産業振興局、2010年

る。2002年にスタートした「ドラフト！」は、多くのクリエーターをファッション産業界に輩出している（写真3-11）。

③ 神戸ものづくり職人大学

神戸の歴史の中で培われてきた「ものづくり」の優れた技術と技能を次世代に伝えるために、地場産業界と共同で行う後継者育成事業である。現在は、神戸洋服、神戸靴、神戸洋家具の3コースが開講されている（写真3-12）。

写真3-12　神戸ものづくり職人大学
出所：『神戸の経済2010』神戸市産業振興局、2010年

3）情報発信のための拠点施設

神戸は、ファッション都市宣言以来、ファッションの情報発信のための拠点施設を設置し、神戸のファッション産業の振興に努めている。

① 神戸ファッション美術館

日本において唯一のファッションにかかわる振興の拠点として、1997（平成9）年に開設された（p.42参照）。他の美術館やファッション系の教育機関・企業などとの連携事業を推進し、日本のファッション文化の向上を目指している。さらに収蔵品のデジタルアーカイブ化（電子データ化）を進め、神戸ファッションの過去・現在・未来の情報提供および発信の場を提供している。

② 北野工房のまち

1998（平成10）年に開設された。神戸市中央区にある旧北野小学校の校舎をリニューアルして建設した「神戸ブランドに出会う体験型工房」である。館内には神戸ブランドの有名店が入居しており、販売を行っている他、体験もできる。神戸ブランドの情報発信とともに新たな神戸ブランドの紹介やものづくり職人の優れた技術のPRなどを図る地場産業の育成・振興拠点としても展開している（写真3-13）。

写真3-13　北野工房のまち
出所：『神戸の経済2010』神戸市産業振興局、2010年

③ シューズプラザ

神戸・長田のケミカルシューズ産業の情報発信拠点として、1999（平成11）年に

第3章　神戸のファッション―おしゃれな町・神戸の過去・現在・未来―　47

写真3-14
シューズプラザ

写真3-15
ケミカルシューズ製造工程

写真3-16
ケミカルシューズ

出所:『神戸の経済2010』神戸市産業振興局、2010年

「シューズプラザ」が開設された（写真3-14、15、16）。ケミカルシューズ[4]の歴史は、1909（明治42）年、ダンロップ護謨株式会社の極東工場で自転車用のチューブ入りタイヤを製造したのが神戸における本格的なゴム工業の起こりとされる。この結果、工業用ゴムベルト、自動車用ゴムホース、ゴム靴などが作られるようになり、このゴム靴を原点に神戸市長田区を中心にケミカルシューズ業界は発展した。

しかし、1971（昭和46）年の円切り上げによる輸出の激減や1995年の大震災で、ケミカルシューズ関連企業が集積する長田区周辺では、協同組合加盟のほとんどの会社が全半壊し、大きな被害を受けた。生産額では、1999（平成11）年に震災前の約8割まで回復したが、原油・原材料高および世界的な金融危機、長びく消費不況の影響を受け、2000年以降、売上高は苦しい状況にある。

現在、「シューズプラザ」を拠点に、ケミカルシューズの産業振興とPR活動をさまざまな視点から行っている。「神戸シューズ情報ネット」では、シューズ業界の情報の発信、販路拡大に関する業務相談、セミナー開催などに加え、企業とのビジネスマッチングに力点を置いている。企業の取組みも、本革の高級品の生産やケミカルシューズからファッションシューズへのデザイン企画変更など、販路拡大を目指している。

④　日本真珠会館

1952年に旧外国人居留地（神戸市中央区東町）に「日本真珠会館」が建設され、真珠輸出を承認する拠点となった。

神戸の真珠産業は、国際貿易港の存在と養殖場（三重・愛媛・長崎など）への中間地点に位置したこと、真珠の選定基準に適した北側からの柔らかい太陽光線

写真3-17　真珠産業　　写真3-18　パールネックレス
出所：『神戸の経済2010』神戸市産業振興局、2010年

（六甲山の反射光）が立地条件としてあったことなどにより、真珠の集散地・加工地として発展してきた。1990年代初めには、日本の真珠輸出額の76.3％（日本真珠輸出組合調べ）が神戸から輸出されていた。しかし1995年の大震災、その後、アコヤガイの大量死問題や東南アジア諸国の真珠貝の生産拡大、それに伴う販売価格の低下、香港への中間地点の推移などが原因となり輸出量、金額ともに減少し現在に至っている。

現在、真珠産業の再生のために、さまざまな取組みが行われている。2008年「神戸パールミュージアム」をオープンし、真珠とその関連展示や販売を行っている。「真珠貝プロジェクト」やNPO「ひと粒の真珠」では、真珠の文化づくりやPRを積極的に推奨している。

5．「ファッション都市・神戸」から「デザイン都市・神戸」へ

神戸は、開港以来、進取性に富む文化的個性を持つ都市として発展してきた中、全国に先駆けて「ファッション都市宣言」（1973年）やファッションタウンの建設、地の利を活かした観光やイベントを行うなど、多種機能型の産業構造を形成してきた。しかし、1990年代以降の世界的不況と重なり、阪神・淡路大震災による打撃、海外市場との競合、生活者の多様化・成熟化、少子高齢化などの影響を受け、ファッション産業に対する景気の停滞は、長期化するものと思われる。

今後の神戸ファッションの行方はどうなるのだろうか。神戸が培ってきたファッション文化の歴史や背景を再考すると、次のキーワードがあげられた。

・神戸の環境
　海と山と自然と都会とが共存している環境

居留地に見る異国情緒あふれる街並み
・神戸のモノづくり
　外国文化と日本文化が共存したモノづくり
　神戸の歴史の中で培われてきた優れた技術と技能を活かしたモノづくり
　神戸ファッションの特性を活かしたモノづくり
・神戸の人々と意識
　多国籍の人が多く住み行きかう町 神戸
　震災やエコ、ユニバーサルデザインに関する先進的な取組みに挑戦する姿勢
　震災から学んだ人と人とが助け合う意識
・神戸のしくみ
　さまざまな情報を共有し合う町神戸
　産官学民がそれぞれの役割を持って協働参画しているしくみづくり

「神戸らしさ」とは、神戸の歴史の中で培われてきた自然と都会とが共存している環境、日本と西洋を融合したモノづくりの技術と技能、人間味あふれる多様な人たちの存在と共有意識、新たな情報を取り入れる柔軟な体制と言いかえることができるのではなかろうか。神戸には、他県にはない素晴らしい進取性に富む多様かつ柔軟性のある要素――環境×人×技術（モノ）×情報×しくみ――が揃っているのである。

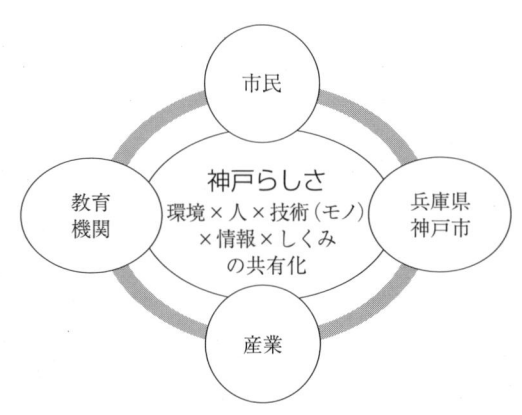

図3-4　「ファッション都市・神戸」の創成図
（見寺貞子作成）

神戸市のファッション都市施策においては、「ファッション産業を服飾（アパレル～服飾雑貨）だけに限定することなく、地域の市民生活に結びついた衣・食・住・遊の各分野において新しいライフスタイルを提案する産業」と定義づけている。

現在、神戸はこれら先人たちの遺産を進展させ、デザイン[5]の視点で神戸の持ち得る資源や魅力を見つめ直すことにより、新たな魅力と活力、くらしの豊さを創り出す"デザイン都市・神戸"の実現を目指している。

そのために、「住み続けたくなる町、訪れたくなる町、そして持続的に発展する町を目指して、文化・教育にたずさわる人々や企業だけでなく、全ての市民が神戸の持つ強みを活かし、デザインによって、新たな魅力を"協働と参画"で創造しよう」と示し、呼びかけている。

神戸らしさを、21世紀のライフスタイル提案の核とし、"デザイン都市・神戸"の視点から魅力ある「ファッション都市・神戸」の創成を目指したい。

【参考文献・引用文献】
『神戸・横浜開化物語』居留地100周年記念特別展、神戸市立博物館、1999年。
『神戸の経済2010』神戸市産業振興局、2010年。
http://www.city.kobe.lg.jp/information/project/industry/examination/keizai2010.html
『神戸ファッション産業規模調査』財団法人神戸ファッション協会、2009年。
『神戸ファッション産業規模調査』財団法人神戸ファッション協会、2003年。
『神戸の経済1996』神戸市産業振興局、1996年。
『神戸のファッション'93』財団法人神戸ファッション協会、1993年。
『10th Anniversary 1992～2002』財団法人神戸ファッション協会10周年記念誌、2002年。
千村典生『戦後ファッションストーリー 1945-2000』2001年。

【協力】
神戸市産業振興局、財団法人神戸ファッション協会には、さまざまな資料提供をしていただき感謝いたします。

【注】
1）ライフスタイル（life style)とは生活様式のこと。特に趣味、交際などを含めたその人の個性を表すような生き方。
2）アパレル（apparel)とは衣服のこと。特に既製服のこと。広義には、靴やアクセサリーなど、服飾全般を指す。日本では、「アパレルメーカー」の略語としても使用される。

3）紳士洋服調整とはテイラー、紳士服おあつらえ業のこと。
4）ケミカルシューズとは、「甲に合成繊維、合成樹脂又は合成皮革を、本底にゴムもしくは合成樹脂又はこれらの混合物を使用し、甲と本底とを接着剤により接着した靴（運動靴を除く）」とされている。戦後、1952（昭和27）年に、甲皮をゴムでなく、塩化ビニールで作ったケミカルシューズが誕生し、物資が不足する中、軽量で耐水性にすぐれ、安価であったため需要が高まり、1969（昭和44）年には内需だけでなく、米国向けを中心に輸出が伸び、生産足数は1億足を突破した。
5）デザインとは、目に見える形や色だけでなく、それらを生み出す計画やしくみ、意図や考え方などを含めた幅広い意味を持っている。デザイン都市・神戸を推進する基本方針（2007年12月）では、デザインを「美しさや楽しさ、やさしさや快適さなど、さまざまな要素との調和を重視し、新たな魅力を創り出すこと」と捉えている。

　この方針に基づき2009年10月に、ユネスコ（国際連合教育科学文化機関）・創造都市ネットワークの「デザイン都市」にアジアで初めて認定された。今後は、国際的なネットワークを構築し、神戸の魅力を国内外に積極的にかつ継続的に発信していく。

第4章
神戸の洋菓子

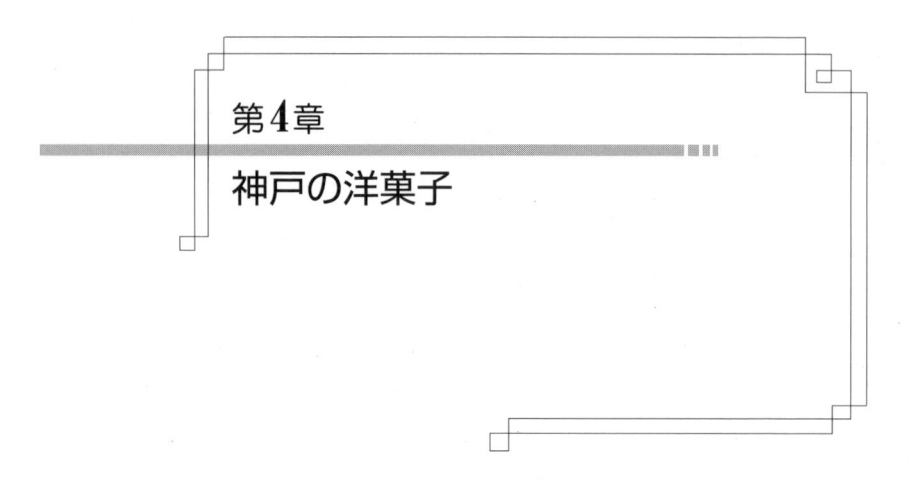

1．洋菓子を生んだ歴史と神戸ウォーター

　神戸は歴史的に古くから貿易の盛んな港が整っていたことで、外国の方の居留地がありました。多くの外国の人々が住んでいることにより、各国の民族料理店が営業されていました。フランスパンや本格的なドイツパンも地域によっては、珍しいような古い時代にも神戸では普通に存在していました。そのために市民が料理と共に洋菓子やパンを食べる機会にも恵まれていました。戦後日本が発展していく中で貿易港や輸入商社が神戸に有ることで、外国からの豊富な種類の食材が身近に輸入されていました。その上、新しい物好きで西洋料理と洋菓子の好きな市民が支持してくれたのも大きな要素です。そのような神戸の土壌で洋菓子メーカーが多く創業できたのです。

　神戸の立地も大きな要素です。六甲山系が北に有り、自然に育まれた美味しい水の神戸ウォーターがあります。その水は、灘の日本酒や料理の食文化に大きな影響を与えていました。近郊農家では農作物の生産においてもイチゴやイチジク・ブドウなどのフルーツも盛んに作られていました。

写真4-1　マカロン

2．洋菓子協会の発展

　「歴史」「水」の他に神戸の洋菓子を生んだ大きな要素に、「洋菓子技術の向上」が挙げられます。神戸に戦後間もない時期に兵庫県洋菓子協会の前身である兵庫県洋菓子共同組合が発足しており、今年で65周年を迎えます。洋菓子業界においてもこのような伝統のある協会は、全国でも珍しいのです。

　この協会で、お互いの洋菓子の技術向上をめざして、技術講習会や西日本洋菓子コンテスト・兵庫県洋菓子協会クリスマスケーキコンテストなどを開催してきました。洋菓子の製造技術のレシピや製法を隠すことなく公開することで共に技術力をつけて、競争力を上げてきました。さらに技術講習会だけでなく原材料の勉強会や経営セミナーとして、洋菓子店経営に関わる接客、クレーム対応、経営戦略等の勉強会を開催しています。

　このように神戸の洋菓子業界が力を合わせて向上していくことで、全国で1、2を競う会員規模の協会に発展していきました。そして高い技術力と競争力で今日の「洋菓子神戸ブランド」が確立されてきたのです。神戸で成功した後に全国のデパートへ出店・進出し、盛業し続けている洋菓子メーカーが多く存在します。

　毎年1回開催の洋菓子コンテストも今年で五十数回におよびます。技術の研鑽と競争を継続してきた洋菓子協会の貢献度は大きかったと言えます。

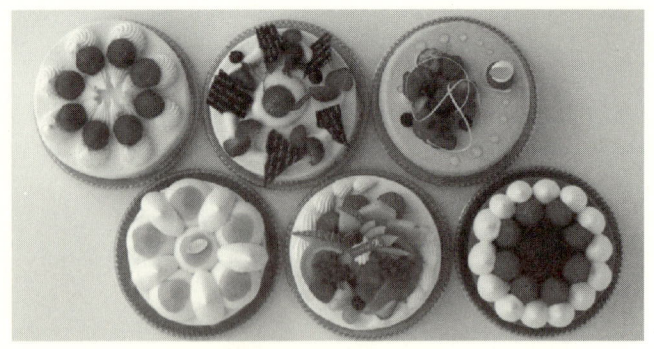

写真4-2　ホールケーキ

3．世界の菓子

　神戸には多くの国のお菓子があり、市民はさまざまな味を楽しめます。貿易港のある横浜と並んで中華街もあり、中華菓子やインド料理店でインドのお菓子を食べる機会にも恵まれている土地です。
　洋菓子に絞ると、ヨーロッパのお菓子――フランス菓子・ドイツ菓子・スイス菓子が思い浮かびます。それぞれのお国柄の特徴がありますが、日本に入ってきて日本人好みに変化してきました。最近では、イタリア・トルコ・ベルギーとヨーロッパ各国の特色を出した洋菓子も売られるようになりました。和菓子の影響を受けた和洋折衷菓子も登場しています。
　神戸の洋菓子メーカーが神戸ブランドとして発展してこられたのは、古くから世界各国の菓子を愛した味覚の鋭い神戸市民に鍛えられた賜物と考えられます。

4．ストレス社会における洋菓子の役割

　神戸は平成7年1月に阪神・淡路大震災がおきて街が大変な被害を受けました。
　洋菓子店も電気・ガス・水道が止まり、営業することが困難で経営的にも打撃を受けたのです。数週間から数か月後にかけて、街の被害状況により順次ライフラインが復旧すると洋菓子の需要がどんどん高まり、店を再開すると販売量が急速に増えていきました。「お菓子を食べると元気が出る」と多くの方々から聞かせ

てもらい、笑顔が広がっていくのを実感しました。

　人びとは、それまではお菓子は嗜好品だと思っていたのですが、地震後、「必需品」だと確信したのです。甘いお菓子はダイエットにとって悪い存在のように言われますが、心の健康のためにお菓子の役割は大変大きいのです。

　厳しい現代のストレス社会においてますます神戸の洋菓子が重要になってくるでしょう。

写真4-3　カットケーキ　　　　写真4-4　佐野シェフの作業風景

第5章
神戸のラジオの佳き時代から現代まで

1. ラジオの佳き時代

(1) ラジオ神戸

　昔むかしラジオといえば、♪ラジオは叫ぶ、一、二、三、という朝のラジオ体操が最も身近なものだった。ただし、これはどこの家庭であったものではなく、一般の家庭にあった国民型ラジオは、戦争中の空襲警報をキャッチするくらいのものだった。そのラジオが大きく様変わりしたのは、それまで国営放送（NHK）オンリーから、新たに民間放送局がスタートした60年前のこと。そう、この神戸にも1952年の春4月に、ラジオ神戸が声を放った。周波数1490khz.、出力1kw.。この数字をみてもわかるように、1kw.は、当時の一般家庭にあった電熱器と混同されたりして……。大阪あたりの大手の新聞をバックにした放送局からは、冷ややかな目でみられたものだった。

　そんなところへ日本でも著名なジャズ評論家の油井正一さんから声がかかった。「今度スタートしたラジオ神戸なるところは、舶来音楽がわかる社員が一人としておらんのや！　どう、よかったらキミが行ってやってくれたらなあ～」と。その頃の国営放送にしても、大阪の民間放送あたりでもクダラないものばかり、少しはWVTQ（進駐軍放送）の粋なところを真似してみたら……と思っていたものだから、「わたしでできることでしたら行きましょう」と。それから3日と経たない

5月5日に須磨の海浜公園前にあったラジオ神戸なるところへ出社して、放送部長から放送内容を聞いたところ、15分と30分番組でトータルすると1週で14時間ぐらいだったもので引き受けたものの、レコードの選曲だけでなく、音楽と曲の説明が必要だとわかった。当時は国営放送をならってか、一言一句の原稿が必要で、これには参った。でも引き受けた以上やるしかないと思って、週2日の出社で2か月経ったある日。部長から「7月から放送番組が変わるから、キミにはこれまで以上の負担がかかることを覚悟しておいてくれ」と。聞けば民間放送局はスポンサーの提供あって成り立っていくもので、神戸に民間放送がスタートしたから、最初の3か月はご祝儀でスポンサーの提供があったが、これからあとは、そちらのご随意に、という冷たいものだった。

（2）ジャズ番組のスタート

　担当する番組も増えて、時間数も増すことになったわけだ。そこで部長に諮った。「音楽のリクエスト番組をやりませんか。それも電話で希望曲を募るというのはいかがでしょうか」。すると即座に「キミ、電話がかかってこなかったらどうする？　かかり過ぎたらどうする？」。この一言で電話によるリクエスト番組はフイ。続けて「ところでキミは当社のアナウンサー以上に標準語を喋りそうだから、マイクの前で自ら喋る。それにキミはジャズが専門だから、ジャズのアドリブ調でやったら原稿なんか書かなくてもできるだろう」と。このオダテに乗って、7月からの新編成番組から60分にわたるジャズ番組がスタートする間際になって、会社の役員から「末廣はアナウンサーでもないし、専門の評論家でもない。そういう彼にアドリブで喋らすのは危険至極だ！」。なにが危険かといえば、番組の中で好き勝手に商品名を口にすることを煩（わずら）ったからだ。そこで役員さんの次の台詞は「末廣の番組出演は許可するが、監視役として女性アナウンサーをつけよう」となった。

　こうして、1952年7月の第一週の日曜日の午前11時から、男女のフリートーキングの喋りになる〈サンデーメロディ〉のジャズ番組がスタートした。これがたちまち大きな話題になって、回を追うごとに「このジャズ番組はオモロイ。なにげない男女ふたりの会話に乗ってリアルなジャズを聴かせるんだから、ニクいねぇ〜」という投書やら。また中にはスタジオのデスクの上のペーパー・ノイズを耳

にして「あの2人はキッスをしているんじゃないか」とか。当時は、男女7歳にして席を同じゅうせずという風潮があったから、やっかみもあったようだ。それから今日では当たり前の略語。つまり〈サンデー・メロディ〉を略して、〈サンメロ〉と。これも局側でなく聴取者が名付けてくれたもの。そればかりか、「末廣大納言」。相手役の小山アナウンサーを「小山少納言」とまでもと……。

（3）電話リクエスト

　それから半年ばかり経った1952年の暮れ、それもクリスマス・イブのこと。昨今と違って、その頃のクリスマス・イブは酔っ払いの天国で街の盛り場は、その手合いでひしめいていた頃。ラジオ神戸では深夜12時からクリスマスの特別番組が用意されていて……。「よし、今宵がチャンス。これを逃しては」と。部長に電話を入れて「今晩、電話リクエストをやらせていただけませんか」とお願いしてみたら、相手もイブで舞い上がっていたせいか「いいよ」と。さあ、それから「今宵は12時からクリスマスの特別番組の『電話リクエスト』なるものを行います。あなたのお好きなジャズ、ポピュラー音楽のご希望曲を電話で申し込んでください！」と予告アナウンスをいれる。それからというものは数台の電話のベルが鳴りっぱなし。その当時は一般家庭用の電話は少なく、そのほとんどが5円玉を何個か握りしめて公衆電話に駆け込んだと後になって知ったしだい。そして翌

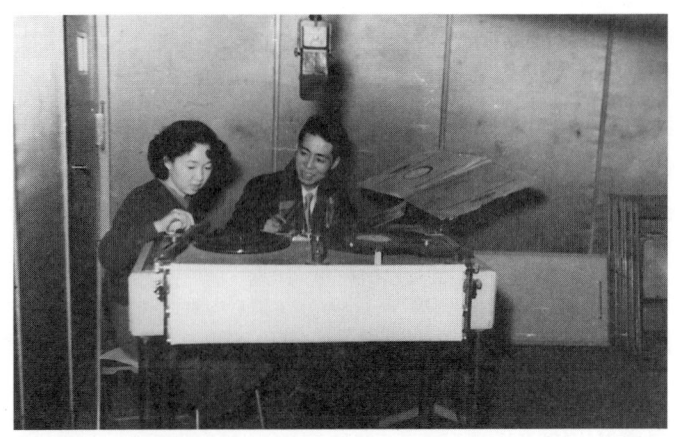

写真5-1　日本最初のアベック・ジョッキー〈サンデー・メロディー〉から
（A　小山少納言と末廣大納言）

朝。件(くだん)の部長は「昨夜はご苦労さん。次に1週間後の大晦日の除夜の鐘と同時に2時間にわたって、また電話によるリクエスト番組をやりなさい」と。それも大成功のもとに終わると「新春から毎週土曜日の夜7時からレギュラー番組でやるから、そのように……」と。「部長、半年前の電話がかかってこなかったら、かかり過ぎたらどうするか」とおっしゃった台詞は？　これは腹の中で……。ツキはそればかりか、その年の3月に「民間放送・番組コンクール」にエントリーしたら、関西の民間放送4局の中でトップに、そして4月の全国民間放送局の中でも2位の銀賞を獲得。関西の、神戸のチッポケな電熱器放送局といわれながら、これは正に快挙。「貴方という人はツイテいますねぇ～」と言われたら、以後「末廣という名前がいいから」だと、言うことにした。

2．神戸の音楽の伝統を守り続けようと神戸ジャズストリートが登場

(1) 全日本ディキシーランド・ジャズ・フェスティバル

「神戸は日本のジャズの発祥地」と、新聞なり刊行誌などでは謳い文句のように書き上げてくれるのはいいとして「では、そもそもは……、そのジャズとは、どんな演奏だったのか？」と聞かれると困ってしまう。それは音が残っていないからだ。これを神戸で打ち出したのは、あれは、1976年の5月のこと。

ちょうど、神戸の街は「神戸まつり」の喧噪の最中に、こちらは国際会館ホールで「第11回全日本ディキシーランド・ジャズ・フェスティバル」を開催していた。

これに参加したのは9グループ。その中には米国のニューオーリンズから「キッド・トーマスとプリザーベーション・オールスターズ」が、ニューオーリンズの市長からのメッセージを携えて参加してくれた。この2年前頃だったか、ニューオーリンズの市から神戸市長宛に「神戸にジャズ誕生50年を祝す」というメッセージが送り届けられて、慌てふためいたのは神戸市の庁内。「これはどういうことなのか」と。尋ねられたこちら側は涼しい顔をして、「日本におけるジャズの発祥地は神戸の街ということは、米国のニューオーリンズでも衆知していますよ」。そもそも1966年の夏に関西の名物バンドの「ニューオーリンズ・ラスカ

ズ」なるアマチュアバンドと一緒に、全米のジャズで知られた街々を行脚してみようという無謀といってもいい計画をたてて実行した。無謀というのは当時としてはプロの演奏家たちでも海外へ行って演奏することなどは……。外貨を手にするのには、1ドルが360円という高値。それにドルの持ち出しは1人500ドルまでというから、1か月半という日程では到底不可能なこと。あれこれ算段をして飛び立った。その前に、アメリカで日本のジャズのことを聞かれたら、どう答えようかと。そこで神戸では毎年、ディキシーランド・ジャズ・フェスティバルなるものを開催していますよ。とばかり全米旅行の1か月前にいわばカッコーをつけるために開催した。これがなんと現在でも続けられているから、こういう実績だけでも神戸の街はジャズにかけては実績ありと誇ってもいいはずだ。だが、東京あたりのジャズのメディアは、「こちらに断わりもしないで全日本をタイトルの冠につけるとは……」と。そう言われると、こちらも負けてはいません。江戸時代の「くだらない」という言葉をご存知じかね。兵庫の灘の酒が天下一品で、それが江戸に流通したのを「下り酒」といわれていて粋人に好まれていたが、それに比べて江戸近辺の酒はまずかったもので、「くだらない」というのが一説。酒だけではなくジャズとても同じだと思うのだが、いかがでしょう。

(2) 神戸ジャズストリート

　さてさて、これから1982年に始まった「神戸ジャズストリート」の話題に換えましょう。このイベントのそもそもはというのは、前年のポートピア博覧会で夏の4日間に「ポートピア・インターナショナル・ジャズ・フェスティバル」が開催されて、なんと4万人のファンが開催会場に集まりました。博覧会自体が成功しましたから多くのジャズ・ファンが集まることは計算されましたも、万というジャズ・ファンが集まったのは「まさか」でした。それまでジャズの大きなイベントといえば、大人数が集まれるところ、つまり野球場とか体育館、大きな野原などに舞台を組んで、大音響を鳴らす。もしくは、2,000人ぐらいが入れるコンサート・ホールというのが相場でした。これらは営利が先行しているのは明らかです。これでは、いまのジャズ・ファンの気持ちを掴み取っていないとみております。かれこれ百年のジャズの歴史の中で、それぞれ時代に反映したジャズがありました。

では現在はどうなっているかといえば、はっきりいってアメリカのジャズは滅亡の一途を辿っています。なぜでしょうか。これは人種差別でいうわけではありませんが、かつてジャズは黒人たちが主になって、白人の演奏家はそれをコピーする。そして鑑賞する側は、おおむね白人とされていました。1963年にキング牧師が人種差別を無くそうとワシントン大行進のデモを行って、黒人たちの地位はそれまでに比べて向上しましたが、ジャズにとってはいい傾向ではありませんでした。あれから以後のジャズが黒人たちのジャズが完全に主導権をとって、白人たちを寄せ付けなくなったからです。しかも双方のジャズメンたちも高齢化してきてスターもいなくなってきました。これはアメリカのジャズ界ばかりではありません。昨今のアメリカのハリウッドの映画をみてもわかるでしょう。最近のアメリカ映画には、楽器による映画音楽が聴かれなくなりました。つまりミュージシャンを使うことをしないで、電子音楽で賄おうという傾向が、いまの映画音楽だからです。こういう関係で映画の都ハリウッドはあっても昔ほどの華やかさは失せてきましたし、そればかりか音楽家たちが活躍する場所がなくなったというは、かつて、あのハリウッドの近辺には高級なクラブとかジャズのライブ・ハウスがあって仕事の場が多くあったのですが、いまは……。

なにか、この章の前置きが長くなりましたが、ならば日本におけるジャズはなにをしたらいいのでしょうか。答えは簡単です。アメリカの往年のジャズを愛し続けているファンの好みに合わせることだと思います。大きく分けて、1920年代、30年代、40年代、50年代、60年代ぐらいまでのジャズを再現すれば、多くの人びとからも愛されるでしょう。

先に述べましたように、現在のアメリカのジャズメンたちは、それぞれの時代のジャズを再現できるジャズメンが少なくなりました。仕事場がないから仕方がありません。ところが、ヨーロッパは違います。やはりクラシック音楽の伝統があるだけ、過去の古いジャズでも再現しようという若いジャズメンが結構いるのです。そして、それに耳を傾けるファンも多いのです。

さてボートピアでのジャズ・フェスティバルの翌年になって考えたのは、規模は小さくなってもユニークなジャズのイベントはできないものだろうかと。考えたあげく、まずジャズ・ファンの好みも多様化しているから、それに合わせてみようと考えたのです。会場は大きなホールでなく、こじんまりとしたところで、

なるべく音響も押さえて、静かに楽しめるジャズがいいのではないかと。それから名の通った有名を気取った演奏者とか歌手たちよりも、ファンの好みをよく理解した演奏者たちで固めることを考えたのです。
　それからなによりも新しい試みとして、1か所の会場よりも数か所、いや同調してくれる出演者の数によっては、10か所以上の会場があってもいいではないかと。そして観客は好みのジャズを追って、はしごするのはどうだろうか。つまり、はしご酒ならぬ、はしごジャズというのが理解されやすいだろうと。これが当たりました。それに会場の地域として、テレビ・ドラマで脚光を浴びていました、三宮の山手界隈の地域に点在するライブ・ハウスに、神戸らしい外国人の社交クラブ、それから教会なども……。ジャズのイベント会場で教会の礼拝所をというのは、日本ではこの神戸が初めてでした。
　なにもかも初めてというのは、そのジャズのネーミングでした。コンサートとかフェスティバルではありきたりだと。「神戸ジャズストリート」というのはいかがなものだろうか。するとファンからの声は、「街頭で……、それもストリートの溜まり場なんかのストリート・パフォーマンスですか？」と。いいえ、通りなんかではありません。インドアでピアノなんかも、立派なグランド・ピアノですぞよ。
　ここで、ジャズストリートのネーミングについて解説いたしましょう。これは1930年代の半ば頃のアメリカのニューヨーク。そのニューヨークの52丁目という一帯はボール・ルームにジャズ・クラブが軒を連ねていました。もちろんそこで楽しむファンも多く、とくに週末あたりは大変な賑わいをみせていました。ファンの層も広く、彼らに彼女たちは「今夜ストリートへ行かないか」といえば、52丁目の店でダンスを楽しんだり、ジャズの演奏に酔うことでした。
　この30年ちかくになりますが、どうも「ストリートへ行こう」という会話はいまもって耳にしたことはありません。ぐっと若い今どきの人ならば、「今度ジャズストへいけへん？」なんて、声が耳に聞けそうですが、これはやめてくださいね。ところで、ジャズストリートというネーミングが気に入ったのか、現在この国で何か所あると思いますか。驚くことに全国で毎年10か所の街で使われています。この近辺では、徳島、高槻、守口、泉南の地域でもあるといいますし、遠くは新潟、岡崎、東京の阿佐ヶ谷などなどと。横浜は全市をあげてのせいかジャズ・プ

ロムナードと銘打っていますが……。ならば、各地のジャズストリートでジャズの内容は同じかといえば、まったく神戸とは異なっています。

　はっきり言いまして、「神戸ジャズストリート」はクラシック的なジャズを好むファンに焦点を合わせています。これは今のアメリカにもないと思っています。よく東京あたりのジャズ・ファンがいうに、「神戸ジャズストリートでは海外からのジャズメンの名前がよく見られますが、それらのジャズメンたちは有名なんですか？」と。これに対してなんと答えたらいいのか。逆に「あなたは有名なジャズメンの演奏なら耳を傾けるが、有名でなければノーサンキューですか？」と。また「聞けば神戸ジャズストリートの海外タレントはヨーロッパからが多いんですってね。どうしてですか」と。先に述べましたように、いまのアメリカのジャズは完全に下火になっています。だから心あるジャズメンはアメリカをあとに、ヨーロッパで活躍の場を求めているのです。

　「神戸ジャズストリート」では、1966年からオランダのブレダという街で毎年開催しています「ブレダ・ジャズ・フェスティバル」と提携交流を続けています。毎年欠かさず、そのフェスティバルへ出掛けて行って、そこで聴いた演奏者、歌手の中から、神戸でも好かれそうなタレントに目をつけて「神戸ジャズストリート賞」というアワードを出して、受賞した人をゲストに毎年招いております。同時に日本からも先方が望むアーチストを送り出しています。

写真5-2　阪神大震災の年から続いているオープニング・ジャズパレード
　　　　　（昨年から小学生を先頭に……）

それから、これは神戸以外のジャズ・イベントでは聴かれないプログラムを売りものにしています。それは、よくいうジャム・セッションというのではなく、カッティング・セッションという類いのものです。これは、かつてニューヨークのハーレムのジャズ・クラブで行われていたセッションです。日本的に解釈して説明しますと、演奏者同士の決闘みたいなものといえば解かりいいでしょう。神戸では同じ楽器同士の決闘。たとえていうならば、佐々木小次郎と宮本武蔵の一騎討ちをジャズでやってみたら……。これが予想以上のもので毎年その組み合わせを期待されています。決して、難しいジャズではありません。ごくごく素人に近いジャズ・ファンでも楽しめますし、大体「神戸ジャズストリート」のファンは女性ファンの方が率の上でも上回っているのですよ。それに会場の中は終始明るく観客とステージの演奏者とがアイ・コンタクトをとりながらするところで演奏効果を高めています。こういう細かいところの演出が他のジャズストリートと大きく違うところです。お分かりかな？　一度ぜひ雰囲気を味わってみてください。今年は30回記念に当たりますから、より盛大なものとなりましょう。

第6章
神戸と映画

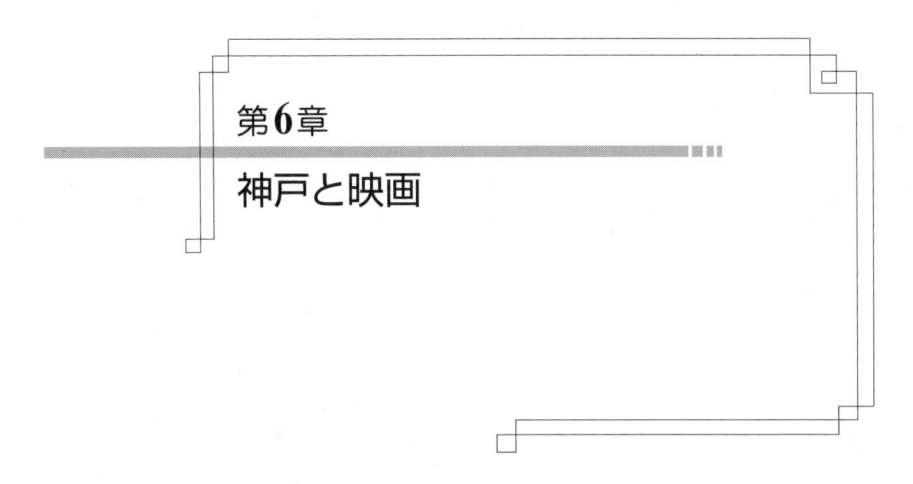

1．「映画が初めて公開されたまち」から「映画が撮影されるまち」に

　エジソンが発明した動画の装置、キネトスコープが日本で初めて公開されたのは1896年。神戸での上映でした。やがて映画は国民の娯楽として日本中に広まり、神戸でも新開地に映画館が軒を連ねるようになりました。現在は複数のシネコンや映画館が点在し、毎年多数の映画が神戸市内で上映されています。

　そんな神戸が最近、これまでとは異なる意味で「映画のまち」として知られるようになってきました。阪神・淡路大震災で大打撃を受けた神戸を、映画を通して元気なまちにしたい、という思いで神戸市が「神戸フィルムオフィス」を2000年9月13日に立ち上げたのです。以来、40本以上の劇場公開映画が神戸で撮影されてきました。

（1）神戸フィルムオフィスとは

　神戸フィルムオフィスは、映画やテレビドラマ、旅番組、情報番組、テレビコマーシャルなどの撮影を神戸に誘致し、撮影に必要な支援や作品の情報発信を無償で提供する組織です。事務局は(財)神戸国際観光コンベンション協会の中にあり、スタッフは同協会に7名、神戸市の産業振興局観光コンベンション推進室に

3名います。

（2）神戸フィルムオフィスの役割

　作品の撮影が始まる数カ月前から作品完成後まで、神戸フィルムオフィスはさまざまな役割を果たしています。

1）撮影前の業務

　まずは、製作者が映画のために探しているロケ地（＝ロケーション撮影をする場所）に関するさまざまな情報を提供。ロケ候補地の写真や地図だけでなく、撮影するにはどんな許認可が必要なのか、それはどこへ申請する必要があるのか、撮影する場合にどんな条件や制限があるのか、ロケ地の近くにロケバスや機材車を駐車する場所はあるのか、移動時間はどのくらいかかるのか、といったさまざまな情報を提供します。

　製作者が写真などを見た上で、実際にロケ候補地を見に来ることになると、神戸フィルムオフィスのスタッフが案内し、施設の管理者に紹介します。製作者はロケ地を決めるために必要な写真を撮影し、管理者と撮影の内容や条件について具体的に確認していきます。

　そして、ロケ地が決まると許認可の申請です。道路や公園、ショッピングセンターや学校など、ほとんどの施設では、事前に申請書を提出して使用許可を得る必要があります。撮影を行うためには、こうした施設の許可だけでなく、事前に近隣の住民や企業の同意を得なければならない場合もあります。騒音や照明など、迷惑をかけることがあるからです。大勢の人の協力があって、初めて撮影は実現します。

　ロケ地だけでなく、製作者が滞在中に必要なものはたくさんあります。例えば宿泊するホテルやお弁当。撮影で使用する重機や移動に使う車両も地元で調達するケースがほとんどです。こうした業者を紹介するのも、神戸フィルムオフィスの仕事。ほかにも、必要に応じてセットを建てる際の工務店や役者が所属するプロダクションなどを紹介します。また、「神戸フィルムオフィスサポーター（KFOS）」として登録していただいている市民エキストラの手配を行うこともあります。

２）撮影中の業務

撮影当日には現場に立ち会い、近隣の施設や住宅に迷惑がかかっていないかなど、撮影が問題なく進められていることを確認し、想定外のことがあったときのために備えます。

３）撮影後の業務

作品が完成したあとは、なるべく多くの人に作品を見てもらう必要があります。また、撮影に関係なく、普段から市民にフィルムオフィスの事業について幅広く知っていただくことも重要。そのために、試写会や上映会、講演や講義、イベントの開催、そしてどんな作品がどこで撮影されたかを伝えるロケ地マップの作成・配布など、いわゆるプロモーション活動を行います。

（３）映画を支援するメリット

神戸フィルムオフィスがこうしたサービスを無償で提供する目的は、ひとことでいうと、地域の活性化です。製作者が長期にわたって滞在すると、宿泊や飲食などの経済効果がある上に、神戸の街並みや風景が映像に映れば、神戸の魅力を発信することができます。また、作品がヒットすれば、観光客がロケ地を訪れる可能性もあります。ほかにも、自分のまちで撮影された映画を観る人が増えれば映像文化の振興になり、撮影の際にスタッフや役者が雇われれば、雇用の創出につながります。さらに、住民の地元に対する誇りの醸成など、さまざまな効果が期待できるところが映画を支援するメリットだといえます。

２．神戸で撮影された映画

チャップリンが降り立った神戸港、メリケンパークには「メリケンシアター」というモニュメントがあります。この映画記念碑は、映画評論家として活躍した神戸出身の故・淀川長治さんの協力のもと、1987年に建てられたもの。大きな長方形の石は映画のスクリーンを表し、その前に並んでいるたくさんの小さな石は観客を表しています。映画のまち、神戸ならではのモニュメントです。

（1）神戸で撮影された1999年以前の映画

神戸で撮影された1999年以前の映画といえば、「新雪」(1942年)、「透明人間現わる」(1949年)、「夜霧の決闘」(1950年)、「赤い波止場」(1958年)、「紅の流れ星」(1967年)、「007は二度死ぬ」(1967年)、「吹けば飛ぶよな男だが」(1968年)、「太陽の子・てだのふぁ」(1980年)、「風の歌を聴け」(1981年)、「愛情物語」(1984年)、「メイン・テーマ」(1984年)、「べっぴんの町」(1989年)、「花の降る午後」(1989年)、「ブラック・レイン」(1989年)、「シーズ・レイン」(1993年)、「夏の庭 The Friends」(1993年)、「男はつらいよ 寅次郎紅の花」(1995年) といった作品が知られています。

（2）神戸で撮影された2000年以降の映画

2000年以降は、神戸フィルムオフィスが設立されたこともあり、神戸で撮影される映画の数が大幅に増えました（表6-1〜表6-3参照）。

1)「走れ！イチロー」

3人の「イチロー」たちがひたむきに生きていく姿を描いている「走れ！イチロー」は、震災の傷跡がまだ残る神戸市内の各所で撮影が行われました。神戸－関西国際空港間を結ぶ高速船ベイ・シャトルの前身ともいえるジェットフォイルが、かつてのK-CATから出港する懐かしい風景もあれば、旧グリーンスタジアム神戸で延べ1000人の市民エキストラがスタンドを埋めてオリックス・ブルーウェーブの試合を再現したシーンもあります。また、ミャンマーという設定で登場する建物が、神戸市看護大学だということは、意外と知られていません。

2)「GO」

神戸フィルムオフィスが設立されて最初に話題になったのは、日本ではじめて地下鉄の線路内での撮影を実現した「GO」です（写真6-1参照）。スタッフ、機材、そして役者も線路に入って撮影するというのは、前例がなく、製作者からの問い合わせが一気に増えるきっかけになりました。

第6章　神戸と映画　69

写真6-1　神戸市営地下鉄上沢駅での「GO」の撮影風景

3)「交渉人 真下正義」

「GO」の地下鉄での撮影があったからこそ実現した作品といえば、「交渉人 真下正義」。地下鉄の営業時間内は撮影できないため、2週間にわたって深夜のロケが行われました。映画の中では東京の地下鉄ということになっていますが、神戸市営地下鉄の西神山手線と海岸線の両方に加え、車両基地でも撮影しています。

4)「ウルトラマンメビウス＆ウルトラ兄弟」

ウルトラマンシリーズ誕生40周年記念作品として製作された「ウルトラマンメビウス＆ウルトラ兄弟」は、ほぼすべてのロケが神戸市内で行われた作品です。懐かしいヒーローたちが現在のヒーローとともに、神戸の海に眠っていた怪獣と戦うという物語で、ハヤタ（ウルトラマン）は神戸空港長、モロボシ・ダン（ウ

写真6-2「ウルトラマンメビウス＆ウルトラ兄弟」のロケ地マップ

ルトラマンセブン)は六甲山の牧場で働いていて、郷秀樹(ウルトラマンジャック)は神戸のサーキットでレーサーを目指す少年たちを指導、そして北斗星司(ウルトラマンエース)は神戸のホテルでレストランのシェフをしている、という設定でした。映画が公開された際には、作品のロケ地をまとめた地図(写真6-2参照)が市内の映画館で配布されました。

5)「クローズZERO」

下町をロケ地にしたいということで、新長田界隈で撮影されたのが「クローズZERO」です。小栗旬さんが演じている源治が仲間たちとうろついていたのは、六軒道商店街や西神戸センター街。黒木メイサさんが演じていたルカは、丸五市場にある八百屋の娘ということで、実際に店先に座って野菜を切るシーンもありました。迫力満点の雨のシーンは、二葉三四商店街のアーケードの屋根をはずして、雨を降らして撮影されたもの。連日の撮影に近隣の住民が大勢集まりました。

6)「Sweet Rain 死神の精度」

アクションシーンがあったわけではないものの、ずっと雨を降らせる必要があったため、連日大がかりな撮影が市内で行われたのが「Sweet Rain 死神の精度」です(写真6-3参照)。作品の中で登場する地下鉄の入口は、神戸高速鉄道西元町駅の入口。駅名が変えられているため、神戸市民でもなかなか気づかないロケ地です。また、金城武さんが演じる死神の千葉と小西真奈美さんが演じる藤木一恵が食事をするシーンは、東遊園地内のレストランで撮影されました。

写真6-3 旧居留地での「Sweet Rain 死神の精度」の撮影風景

7)「僕の彼女はサイボーグ」

市街地の道路と交差点を封鎖するという大がかりな撮影が行われたのは「僕の彼女はサイボーグ」(写真6-4参照)。旧居留地38番館がある交差点を夜から朝

第6章 神戸と映画　71

写真6-4　神戸市旧居留地での「僕の彼女はサイボーグ」の撮影風景

にかけて封鎖し、車が衝突するシーンや、綾瀬はるかさんが演じるサイボーグの出現シーンなどを撮影しました。この映画には南京町や三ノ宮駅など、人通りの多い場所をはじめ、旧居留地の美しい街並みが多数登場します。また、ジローの部屋や旧居留地十五番館の室内部分はセットを組んで撮影されました。

8)「新宿インシデント」

　ジャッキー・チェン主演の映画、「新宿インシデント」も神戸で1カ月以上に渡って撮影が行われた作品です。物語は新宿が舞台ですが、新宿での大がかりな撮影は困難ということで、神戸市内で撮影されました。東門街でのロケ（写真6-5参照）では多くの見物人が集まり、一時は撮影を中断することになりまし

写真6-5　東門街での「新宿インシデント」の撮影風景

たが、神戸市民にとっては世界的なスターを身近で見る貴重な機会となりました。

9)「アウトレイジ」

　北野武監督が神戸で撮影した作品といえば「アウトレイジ」。物語の舞台は関東ですが、ロケ日程の約4割にあたる2週間の撮影が神戸で行われました。東門街やポートアイランド内の施設をはじめ、旧神戸市中央卸売市場本場、市役所裏の道路、県立工業技術センター、なぎさ公園、旧市立高校などでロケが行われました。また、旧居留地高砂ビルが、ビートたけしさん演じる大友の事務所があるビルとして、室内も外観もロケ地として使われました（写真6-6参照）。

写真6-6　居留地高砂ビル前での「アウトレイジ」の撮影風景

10)「ふたたび SWING ME AGAIN」

　「ふたたび SWING ME AGAIN」は、神戸でプロのジャズミュージシャンを目指しながらもハンセン病の療養施設で50年を過ごした男性が、ふたたび神戸に戻り、家族や仲間と再会する様子を描くヒューマンドラマです。神戸が舞台の作品なので、神戸市民にとってはなじみ深い風景が多数映し出されます。

　脚本にも実名で登場するのは、北野坂の老舗ジャズクラブ「SONE」。店の外観は「SONE」で撮影されましたが、店内でのライブシーンは東門街の「クラブ月世界」、楽屋でのシーンは新長田の「地域人材支援センター（旧二葉小学校）」で行われました。また、若かりし頃のジャズライブシーンで登場するのは、「サテンドール」や「ハーバーランド煉瓦倉庫」（写真6-7参照）。兵庫区平野にある

写真6-7　煉瓦倉庫での「ふたたび」の撮影風景

「神戸昇天教会」という築100年以上の木造の教会でも、はじめての映画撮影が行われました。

11）「ノルウェイの森」

　世界的に大ベストセラーとなった村上春樹氏の小説を映画化した作品が「ノルウェイの森」。登場人物たちが多感な時期を過ごした場所が神戸なので、映画も神戸で撮影したい、というトラン・アン・ユン監督の要望で撮影が実現しました。しかし、映画の設定は1960年代後半の神戸。かなり難航したロケ地探しの結果、村上春樹氏の出身高校でもある神戸高校、大森一樹監督や黒沢清監督を輩出した六甲学院、そして当時のおもかげが残っている神戸大学の男子学生寮（写真6-

写真6-8　神戸大学住吉寮での「ノルウェイの森」の撮影風景

8参照）がロケ地に選ばれました。

12）「その街のこども」

2010年の1月17日の深夜に放送されたNHKのドラマが大きな反響を呼び、映画として劇場公開されることになったのが「その街のこども」（写真6-9参照）。

主演の2人は、阪神・淡路大震災のときに神戸で小学生と中学生だったという森山未來さんと佐藤江梨子さんです。テレビドラマとして放映された作品は、第36回放送文化基金賞を受賞。劇場映画版は、ドラマではカットされていたシーンも加えられ、関西で先行公開された後、全国で上映されました。

写真6-9　さんちかでの「その街のこども」の撮影風景

13）「GANTZ」・「GANTZ PERFECT ANSWER」

原作は人気コミック、主演は二宮和也さんと松山ケンイチさん、そして前・後編を同時に撮影、という形で製作されたのが「GANTZ」。映画化は困難といわれていましたが、大きなアクションが数多く行われる街のシーンをオープンセットで撮影することになりました。そのオープンセットを作ったのが、取り壊しが決まっていた神戸市中央卸売市場本場の旧施設（写真6-10参照）。約5週間にわたって夜間の撮影が行われました。信号機や電柱、横断歩道や児童公園まで作られたオープンセットは、まるで1つの街そのものでした。

写真6-10　神戸市中央卸売市場本場の旧施設での「GANTZ」の撮影風景

14)「阪急電車 片道15分の奇跡」

　「阪急電車 片道15分の奇跡」は、宝塚市在住の人気作家、有川浩さんの人気小説を映画化した作品。阪急今津線を舞台に、さまざまな人間味溢れるエピソードが繰り広げられる物語です。撮影は、阪急今津線の駅とその周辺はもちろんのこと、ポートアイランド北公園やメリケンパーク、三宮中央通り、そしておしゃれなカフェなど、神戸らしい場所でも行われました（写真6-11参照）。

写真6-11　カフェ・フィッシュでの「阪急電車」の撮影風景

15)「マイ・バック・ページ」

　1969年から1972年が舞台の「マイ・バック・ページ」。理想に燃えながら新聞社の週刊誌編集部で働く記者と「銃を奪取し武器を揃えて、われわれは4月に行動を起こす」という話を持ちかける活動家の関係を中心に描かれた作品で、川本三郎さんのノンフィクションをもとに作られた映画です。神戸では、妻夫木聡さんが演じるジャーナリストが勤めている新聞社のセットを旧神戸生糸検査所に建設。兵庫県内の市町から譲り受けた当時の机や椅子が多数並べられたロケセットで撮影が行われました（写真6-12参照）。

写真6-12　旧神戸生糸検査所での「マイ・バック・ページ」の撮影風景

3．映画のまち、神戸の未来像

　神戸では映画をはじめ、テレビドラマや情報番組、旅番組やバラエティ、そしてコマーシャルや写真などの映像作品が、毎年150本以上撮影されています。

　現在、神戸には撮影所やオープンセットはありませんが、今後そうした施設もできれば、より多くの作品が神戸で撮影されるはずです。また、多くの市民の理解と協力があってこそ、撮影支援は実現します。どこよりも映画ファンが多いまち、どこよりも映画に理解があるまち、そんな神戸になっていけば、本当の意味で映画のまちになれるはずです。

第6章 神戸と映画

表6-1 神戸で撮影された2001年から2006年公開の映画

公開年	作品名	監督	主な出演者	主なロケ地（名称は撮影当時のもの）
2001	走れ！イチロー	大森一樹	中村雅俊 浅野ゆう子 石原良純 松田龍平 木村佳乃 寺脇康文	K-CAT、新神戸駅、CAP HOUSE（旧神戸移住センター）、メリケンパーク、メリケンパークオリエンタルホテル、高浜岸壁、モザイク、元町高架下商店街、グリーンスタジアム、神戸市看護大学、HAT神戸、新開地劇場、ファッションマート、ベイシェラトンホテル、舞子海上プロムナード
2001	バタフライ	ムン・スンウク	カン・ヘジョン	神戸ファッションマート、六甲ライナー、六甲オリエンタルホテル風の教会、神戸ファッション美術館
2001	GO	行定勲	窪塚洋介 柴咲コウ	神戸市営地下鉄上沢駅
2002	リターナー	山崎貴	金城武 鈴木杏	第四突堤、ポートアイランドPC-3、PC-4、ポートアイランドⅡ期、ハイテクパーク
2003	あずみ	北村龍平	上戸彩 原田芳雄	白水峡
2004	きょうのできごと	行定勲	田中麗奈 妻夫木聡	王子動物園、育英高校
2005	ゴジラ FINAL WARS	北村龍平	松岡昌宏 菊川怜	兵庫県立美術館、スカイブリッジ、神戸市営地下鉄、御崎車両基地
2005	あずみ2	金子修介	上戸彩 小栗旬	白水峡、旧神戸市立神戸工業高等学校体育館
2005	交渉人 真下正義	本広克行	ユースケ・サンタマリア 寺島進 小泉孝太郎	神戸市営地下鉄海岸線、神戸市営地下鉄西神・山手線、神戸市営地下鉄御崎車両基地および地下鉄線路内
2006	陽気なギャングが地球を回す	前田哲	大沢たかお 佐藤浩市 松田翔太 鈴木京香	フラワーロード
2006	ウルトラマンメビウス&ウルトラ兄弟	小中和哉	五十嵐隼士 黒部進 森次晃嗣 団時朗 高峰圭二	布引ハーブ園、高浜岸壁、モザイク、コンチェルト、ポートライナー、UCC、ポートアイランド北公園、市民広場、ポートアイランド中央緑地、神戸空港、舞子ビラ、六甲山牧場、須磨海浜水族園、北神戸サーキット
2006	ハリヨの夏	中村真夕	於保小夜子 風吹ジュン	須磨海岸、シーパル須磨、ポートピアホテル
2006	天使の卵	冨樫森	市原隼人 小西真奈美	神戸市看護大学
2006	ありがとう	万田邦敏	赤井英和 田中好子	須磨海岸、長田港、湊山小学校、神戸インキュベーションオフィス、神戸空港、大神戸ゴルフ倶楽部、学園都市積水住宅

表6-2 神戸で撮影された2007年から2009年公開の映画

公開年	作品名	監督	主な出演者	主なロケ地（名称は撮影当時のもの）
2007	おばちゃんチップス	田中誠	船越英一郎 misono	神戸商工会議所、グリコピア神戸
2007	初雪の恋〜ヴァージン・スノー	ハン・サンヒ	イ・ジュンギ 宮﨑あおい	モザイク、北野町広場
2007	クローズZERO	三池崇史	小栗旬 山田孝之	タンク筋、湊川隧道、丸五市場、六間道商店街、西神戸センター街、二葉三四商店街、神戸市中央卸売市場本場、神戸百年記念病院
2007	ALWAYS 続・三丁目の夕日	山崎貴	吉岡秀隆 小雪	川崎重工業
2007	クリアネス	篠原哲雄	杉野希妃 細田よしひこ	有馬温泉湯本坂、陶泉御所坊、有馬温泉アクセサリーショップ
2007	Sweet Rain 死神の精度	筧昌也	金城武 小西真奈美 富司純子	門屋ビル、東門街、東遊園地、はねっこ広場、元町高架下商店街、神戸高速鉄道西元町駅、旧居留地（京町筋、江戸町筋高砂ビル前、ベルベベル美容専門学校）、神戸市中央卸売市場本場
2008	僕の彼女はサイボーグ	クァク・ジェヨン	綾瀬はるか 小出恵介	ミント神戸前、クレフィ三宮前、東門街、兵庫県公館、三宮中央通り、関帝廟、東遊園地、大丸神戸店、南京町、旧居留地（明石町筋、浪花町筋、十五番館）、神戸大学、旧神戸移住センター、御影公会堂
2008	神様のパズル	三池崇史	市原隼人 谷村美月	神戸大学
2008	火垂るの墓	日向寺太郎	吉武怜朗 松坂慶子	旧二葉小学校、神戸大学
2008	ホームレス中学生	古厩智之	小池徹平 西野亮廣	須磨海岸、国道2号線、塩屋
2009	悲しいボーイフレンド	草野陽花	寺脇康文 寺島咲	神戸インキュベーションオフィス、フラワーロード、cafe Fish!
2009	新宿インシデント	イー・トンシン	ジャッキー・チェン 竹中直人 ダニエル・ウー ファン・ビンビン 加藤昌也	岡方会館、神戸市中央卸売市場本場、湊川隧道、高浜岸壁、モザイク、南京町、三宮センター街、神戸朝日ビル前、阪急西口本通2-3丁目、東門街（クラブ月世界・スナック・ゲームセンター）、元町穴門商店街、高砂ビル前、ポートピアホテル、市民広場、加藤海運ビル、ミント神戸北東スクランブル交差点

表6-3　神戸で撮影された2010年から2011年公開の映画

公開年	作品名	監督	主な出演者	主なロケ地（名称は撮影当時のもの）
2010	アウトレイジ	北野武	ビートたけし 椎名桔平 加瀬亮 三浦友和	東門街（道・スナック・アパート）、北野坂（スナック）、旧居留地江戸町筋高砂ビル、旧居留地東町筋、ポートピアホテル、CFジャンクションビル、国際展示場、神戸市中央卸売市場本場、工業技術センター、旧神戸市立須磨高校、ポートアイランド（道・空き地）、なぎさ公園
2010	ふたたび SWING ME AGAIN	塩屋俊	財津一郎 鈴木亮平 MINJI	神戸長田通郵便局、旧二葉小学校、長田区役所、神戸電鉄長田駅、100円ショップグリーン、神戸昇天教会、神戸市役所、煉瓦倉庫、かもめりあ、第三突堤、サテンドール、SONE、クラブ月世界、神戸市バス、ポートアイランド北公園、三宮駅前
2010	ノルウエイの森	トラン・アン・ユン	松山ケンイチ 菊地凛子	神戸大学国維寮、神戸大学住吉寮、六甲学院
2010	その街のこども	井上剛	森山未來 佐藤江梨子	東遊園地、六甲風の郷公園、新神戸駅、さんちか、カフェネスカフェ、わたみん家、JR三ノ宮駅周辺（コインロッカー・花壇など）、阪神西灘駅北、国道2号線春日野交差点、セブンイレブン福住通4丁目店、ファミリーマートナダ萬灘南通店、都賀川、高羽陸橋、石屋川公園、御影山手
2011	GANTZ・ GANTZ PERFECT ANSWER	佐藤信介	二宮和也 松山ケンイチ	旧神戸市中央卸売市場本場、旧居留地、ミュージアムタワー
2011	ミロクローゼ	石橋義正	山田孝之 マイコ	大丸百貨店、新港貿易会館、マリンピア神戸、CFジャンクションビル、旧神戸市立須磨高校、名谷市営住宅、UR住宅
2011	死にゆく 妻との旅路	塙幸成	三浦友和 石田ゆり子	アジュール舞子、弁天埠頭
2011	阪急電車 片道15分の奇跡	三宅喜重	中谷美紀 戸田恵梨香 宮本信子 南果歩 芦田愛菜	ポートアイランド北公園、メリケンパーク、モザイク、三宮中央通り、レアルプリンセサ・リカルディーナ磯上邸、カフェフロインドリーブ、café Fish!、REAL DINING CAFÉ
未定	メモリーズ・コーナー	オドレイ・フーシェ	デボラ・フランソワ 西島秀俊 阿部寛	人と防災未来センター、HAT神戸UR住宅、大黒公園、ワンカフェ、布引ハーブ園、東遊園地、メリケンパークオリエンタルホテル、旧二葉小学校、アスタ新長田、JR車内、三宮センター街、生田新道、マリンピア神戸、明石海峡大橋
2011	マイ・バック・ページ	山下敦弘	妻夫木聡 松山ケンイチ	旧神戸生糸検査所、グリル十字屋、エビアン、元町高架下商店街、中央水環境センター、神戸大学住吉寮、ポートアイランドⅡ期空地、神戸ポートピアホテル、ホテルパールシティ神戸

第7章
神戸のことばと文学

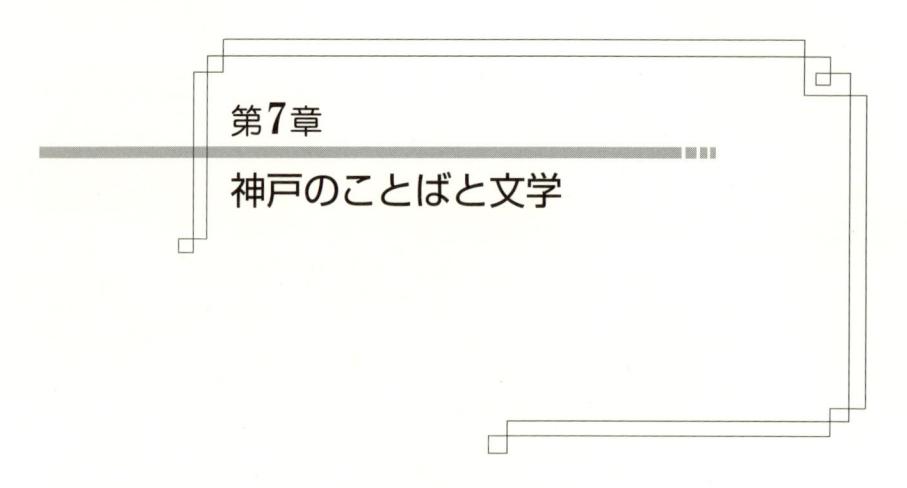

1．神戸のことば

(1) 現代日本語区分と近畿方言

　神戸のことばと言えば、当然、関西弁使用域の中心である京・阪・神の3つに割ってみるところから入りたいところであるが、まずは神戸とその周辺の近畿のことばについて、日本語方言地域区分から見てみよう。方言の区分にあたっては、どの言語特徴を重要な基準にするかなどにより、その結果が左右されるため、研究者によって若干の差異が生ずる。ここでは、一般に参考にされることが多い東条操による区分を図7-1として『日本方言学』(1954年)から掲げる。

　現代日本語方言区分はまず琉球方言と本土方言に分かれ、さらに本州東部方言と本州西部方言、九州方言に区分される[1]。そのうち、本州西部方言は北陸方言、近畿方言、中国方言、雲伯方言、四国方言に分かれる。これら西部方言の中心を成すのが近畿方言であり、近畿地方の大半（近畿2府5県と、福井県の若狭地方が含まれ、兵庫の但馬、京都の丹後地方の一部を除く）の地域がこの方言区分に入る。

　近畿方言の特徴は京阪式アクセントと呼ばれるアクセント体系で、共通語[2]が依拠する東京式アクセントと明らかに異なる（表7-1参照）。前者の方が古い体系を維持していると考えられている。また、母音を丁寧に発音し、本州

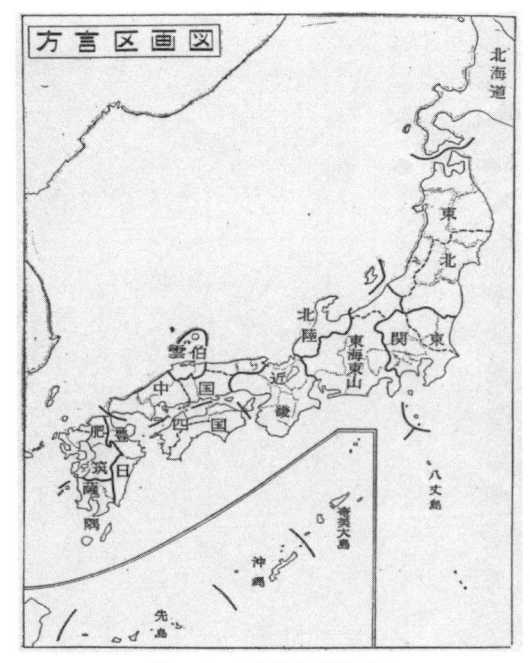

図7-1 日本語方言区画図
出典:『日本方言学』p.33

東部方言でよくみられる無声子音間での狭母音の無声化もほとんどない。また、共通語では唇を丸めずに発音するのが普通であるウの音［ɯ］は、近畿方言では唇を突き出して発音されるウ［u］となる傾向がある。

　さて、このような近畿方言の中心は京都、大阪である。では、神戸はどうなっているのかをみていきたい。なお、本章では以下、近畿方言と関西弁（関西方言）とをほぼ同義で使用する。

（2）神戸のことば
　神戸のことばというのは、実は関西方言の下位方言として取り出すのは、少なくとも現在は難しい。大阪と京都のことばの違いはわりと挙げることができるが、大阪と神戸のことばの違いはそれほど明確とは言えない。西側の播州方言が混じり、一方、大阪方言がやはり混じり、相混ざった一種の混合関西方言が神戸では聞かれる。神戸のことばは大阪方言に近い関西弁というよりも、む

表7-1 京都方言と共通語の
アクセント比較表

京都方言					
共通語					
類別語例	(一類)飴・鼻・鳥、など	(二類)音・橋・川、など	(三類)犬・花・山、など	(四類)空・箸・松、など	(五類)雨・声・春、など

●は高い拍、○は低い拍を表す。
▼▽は付属語の拍。
◆は拍内に「さがりめ」があるもの。
出典：『標準語と方言』「解説二　各地の方言」p.43の表を引用作図

しろ播州方言により近いという見方もある（『神戸学』崎山昌廣・監修、第4章、pp.127-131）。

現在の日本では、どの地方においても方言にまつわる言語事情、特にその変化の速度については、程度の差はあるものの概ね共通している。全国津々浦々に普及した標準語教育とテレビをはじめとするメディアの影響が言語事情に幅広く及んでいる。また、第二次世界大戦後、経済が復興していく中で、人びとの移動が盛んになり、かつて互いに自分の方言を以てしては意思の疎通が難しいほどであった他の地域方言話者との会話がそう珍しいことではなくなり、それぞれの方言使用コミュニティが変容をきたした。これにつれて、方言使用者の言語使用状況、また使用する言語そのものも変化を被った。神戸で使われる口語も当然、その傾向に従っていると考えてよい。

　それでは一体、ただでさえ大阪弁と区別がつけにくいというのに、神戸のことばと言えるようなものがあるのかと気になるが、ここではまず神戸のことばとして「有名な表現」をいくつか紹介してみよう。

1）有名な神戸弁から
① 知っとう
　筆者はかつて、神戸の六甲山麓にキャンパスを構えていた神戸市外国語大学（以下、外大と略称）のロシア学科で学んでいた（1986年春に外大キャンパスは神戸市西区に移転）。結構、全国区の大学であったが、やはり神戸市

内出身の学生も多く在籍していた。最初に覚えた神戸弁は「しっとう」であった。ロシア学科に入って、外国語学習の常として、「これは何ですか」を始めにやる。これに相当するロシア語"Что это?"をあえてカタカナ書きにすれば、"シトー（何）　エータ（これは）？"となる。知り合ったばかりの神戸育ちの友達が、「しっとう？」と何か話しかけてくる。「何って、何もないよ（覚えたばかりのロシア語、使っちゃって！）」と返す。友達が怪訝な顔をして、「…ん？　明日、交換教授のロシア語のセンセ、休講やって掲示出てたの知っとう？」というようなやりとりが２、３度あって、どうも、神戸では、「～ている」という継続中の行為を表したり、状態を表すアスペクトの形が大阪弁なら「～テン」となりそうなところが「～とう」となるのがのみ込めてきた。「知ってンで」となるところが「知っとうよ」となる。

② 何しとんや。何しとってですか

　外大の事務局のカウンターに行くと、いつもフレンドリーな事務局の皆さんだった。神戸市の職員だからといって、もちろん、神戸生まれ・神戸育ちの方ばかりではないだろう。しかし、神戸に住んで長い人がほとんどだ。語劇祭で字幕を映し出すために事務局から借りたオーバーヘッドプロジェクターを学生スタッフの不注意で学内の保管場所から盗まれてしまった。灘警察署に届けを出して、クラスで１人300円の義援金を募り（今日は豪勢に行きたいという時に食べた外大ランチが290円だったから、それなりの出費だった。それでも必修の授業中に回した義援金袋にほぼ全員が300円を投入してくれた）、ロシア学科の先生方にも大枚をはたかせて、事務局に謝罪して、弁償するには届く額ではなかったと思うが、それでも何とか許してもらった。「君ら一体、何しとんや！」と怒られると思ったが、何とか事なきを得た。

　「何しとんや」というのは、「何をしておるのか」の方言形である。丁寧語になれば、「何しとってですか」（「何をしておいでですか」）となる。「～しとってやから」（「～しているので」）などとも使う。

　この表現もどうも播州地方の方言から入った形らしいが、しきりに神戸市内各地でも使われている。なお、「何、言うと（お）ン」とフランス語のように鼻母音化することもあるという点は山下好孝が『関西弁講義』(pp.127-135)

で指摘している。同書は尊敬語の表現を京阪神で比較解説するなど興味深い。
③　だぼっ！

　東京の「バカみたい！」に対して大阪の「アホちゃう？」がある。このフレーズで「バカ」と「アホ」の部分の入れ替えは原則的にはない。

　さて、神戸ではどうかというと、罵り言葉としては「バカ」も使うし、「アホ」も使う。まあ、「アホ」の方が少なくとも口語ではより頻繁に使うだろう。しかし、これらに加えて、「だぼ(う)」がある。使用法は、「だぼっ！」と一言で言い切ることもあれば、物憂げに「そんなん、だぼヤン…」ということもあるらしい。罵り言葉はわりと隣接する地域で伝染するものであるし、一種のタブー語であるので、かえって聞き慣れない表現であれば、案外、積極的に取り入れられるものであるが、すっかり定着した「バカ」や「アホ」への浸食をよしとせぬようである。しかし、それも実は当然のことであった。というのも、『全国アホ・バカ分布考』を著した松本修はその著書の中で、この「だぼ」について、案外広範囲にまたがる使用域や古い記録があることに言及している。

　松本は「だぼ」の専らの使用域を姫路辺りから尼崎市と大阪市を隔てる左門殿川(さもんどがわ)に定めるが、愛媛や長野、新潟などでも使用されており、18世紀の方言記録『諸國方言物類稱呼』(1775年、越谷吾山・編)には「おろかにあさましき」を信濃地方のことばとして「だぼう」という形式があると記している(上掲書、p.289)。「だぼ」については、比較的新しい罵り言葉の「どあほ」が類似した形式であるため、これに起源があるように思ってしまうが、言語周圏論[3]にのっとれば、「だぼ」はずっと早くに京阪地方でも使用されていた可能性があること、また、松本の調査によれば、実は「バカ」は現在の分布域からして「アホ」よりもずっと以前に京都で使われ広まっていったと考えられるそうである(上掲書、p.52、89-90、289、他、参照)。

　そうなると、実は「だぼ」は、「バカ」が関西で一般的に使用されていた時代に、一通り京阪を通り過ぎてしまった形式ということになる。他地域へ広がっていきながらも京阪地域で根強く残った「バカ」に並んでいた「だぼ」を「アホ」が浸食したのであるから、なるほど、京都や大阪ではほとんど耳にしないというのも納得がいく。

現在、「だぼ」は、罵り言葉としては相当「汚い言葉」、つまり、乱暴なイメージのある言葉で、実際に使用する場面も話者も結構限られているのかもしれない。大阪弁の「ぼけっ！」あたりに相当するようである。「だぼっ！」のわかる関西人はおおむね神戸以西の人びとである。

④ 海側やて！

　さて、神戸弁というよりも、神戸の言葉使いから、もう一つあげておく。東西に長い神戸の街には阪急電鉄、JR、阪神電鉄の3つの路線がほぼ平行して走っている区間があり、駅の待ち合わせ場所を指定する時には、線路をはさんで、六甲摩耶山系の側か、より海に近い港の側か、相対的な位置で場所を語ることがある。先輩A「新入生？　下宿、駅のどっち側？」後輩「海側です」先輩A「海側やて！　浜側って言いっさ！」先輩B「自分かて、1回(生)ん時、海側って言うとってやん」先輩A「とにかく、新歓コンパ、6時に浜側の改札に集合やから。間違えんといて」。

　実はこの「浜側」という表現は、必ずしも神戸表現として一致しているという訳ではないようである。例えば、神戸都心部の三宮で覇を競う大丸百貨店とそごう百貨店のそれぞれでは、フロアの案内表示で北側を示す「山側」についてはどちらも同じであるが、南側を示す「浜側」については、そごう百貨店は「浜側」で、大丸百貨店は「海側」である。いずれにしても、東西に細長い街、神戸のランドマークの表現としては、六甲摩耶山脈と港神戸は当たり前に落とせないらしい。

(3) 神戸のことばの性格

　現在の神戸のことばは大阪方言に近く、そこに播州方言が少し混ざった関西弁である。上記に少し挙げたが、大阪方言には見られない「〜しとう」などの表現が播州地方起源とされる。関西弁の種類として考えれば、神戸のことばは大阪方言をベースにした関西弁の「濃さ」が薄められた口語である。

　関西地方の都市部で使われる方言のバリエーションとしては、大阪方言と京都方言がまず取り上げられる。前者は吉本興業のお笑い芸人達が映像メディアで盛んに使用するため、大阪弁がブランドとなり、the関西弁という扱いで全国に知られるようになった。そのため、「大阪弁」らしいと一般が期待する表

現が繰り返され、強調され、それら表現を耳にする者にとって、一種独特な「どぎつい」大阪弁がイメージされている。一方、京都方言はかつて長らく行政の中心地があったためか、正調日本語の意識があるのか、これまた京都弁ブランドを、少し「いけずな」言い方をすれば、おそらくは意識的に保とうとするかのようである。

　出演者が自然な会話を競って展開しようとするいわゆるバラエティ番組や生放送などでは方言を際だたせようとする作用が働く。大阪弁、京都弁はこのような言語環境の中で、それぞれに方言ブランドとなっていったのである。

　さて、神戸はどうか。大阪弁や京都弁の2つが語彙面、イントネーション、語尾、敬語使用などに互いに差異を際だたせている中にあって、神戸のことばは一種、ニュートラルな関西弁である。つまり「どぎつさ」を強調したり、「らしい」言い回しを保持しようとつとめたりせず、「関西弁だというのは分かる、しかし、特にどこといって特徴のないような関西弁」である。地域的特徴といえば、上にいくつか挙げた形式や表現法が話題になるくらいである。このような神戸のことばについて、具体的な語形式やイントネーションの調査研究の視点とは異なる視点から、ちょっと考えてみたい。

　日本において、方言というのは全て口語である。文語すなわち標準語は東京地方の山手言葉を下敷きに整備された。文語を読み上げたものがテレビのアナウンサーが声に出す文章である。文語を手本に作文をしたり、ものを言うことが、いわゆる「標準語で書く・話す」ということであり、日本の初等教育の国語（読み書き）のゴールは標準語の習得である。現代日本語の大半の話者は、学校で学んだ標準語を「正しく」て、「きちんとした」「よそ行きの」ことばと考えている。ほとんどの日本語の母語話者（ネイティブスピーカー）は、共通語と地域方言の口語バイリンガルである（日本国内の方言については少なくとも初等教育で必須とされるような文語はない[4]）。

　方言が全国的なメディアで使用される時は、やや人為的に「改訂された」方言が使用される。テレビドラマなどで使用される方言はそのネイティブからすれば、やや「物足りない」言語なのであるが、「よそ者」にも分かる言葉で話さねばならない必要がある時には「手加減した」言葉使いをするよりほかにない。その一方で、方言ブランドとしていかにも当該方言らしいとされる表現と

イントネーションなどを盛り込む形であることが期待される。漫画や小説など文字により会話を表している場合も同様で、例えば、大阪が舞台の『ナニワ金融道』（青木雄二）などでは大阪弁でストーリーが展開されていく。「それにしてもその公務員二人ともアホやの〜」「あいつら二人とも手形のことなんにも知りまへんなー」（『ナニワ金融道』第1巻、p.402より）。また、川端康成の『古都』などではことさらに京言葉らしい会話が続いていく。「いやあ、苗子さん、夕方から冷えたのによう来てくれやしたな。」「……。」「お星さんは、出たはったけど。」「なあ、千重子さん、お父さんとお母さんに、なんと、ごあいさつしたらよろしいの。」「よう話したあるさかい、ただ、苗子ですと言えばいいの。」（『古都』pp.236-237）

　実際には、こうした例を引くまでもなく、たちまちイメージできるのが大阪弁や京都弁である。

　ところが、上でも再三述べてきたが、神戸にはその「イメージできる神戸弁」がほとんどない。関西弁は関西弁であるが、これが神戸のことばというのがほとんどない。試しに神戸の誇る児童文学作品『太陽の子』（灰谷健次郎）に挙げられている会話をチェックしてみよう。この作品は、新開地、神戸港、三宮界隈が主たる舞台である。ごく日常的な会話が展開されるのであるが、やはり、作中で語られることばが関西弁であることはわかるが、特に神戸ことばらしさを感じさせる言い回しや表現はほとんど見あたらない。この小説の主な登場人物は第二次世界大戦後、首里や八重山などから神戸に来て、働く人びとである。主人公の小学6年生の両親が営む沖縄料理の店に、港湾業や鉄工業などで働く人びとが集う様子を描写する場面が多い。

　ここで使われている関西弁は、最大公約数の関西弁である。どの地方の方言の母語話者であっても、日常生活の中で学習した結果、習得できる関西弁で、関西弁の共通語的な言語である。

　「おまえら、なんしにエスカルゴへいきよったんや」「ああいうとこ性に合わへんワ」（『太陽の子』、p.263より会話部分のみ抜粋）。「いつまでも子どもや思てたらいかんのやなあ」「まだ子どもや」「このあいだまで、沖縄なんか知らん、うちは神戸党やいうとったのになあ」（同上、p.290より）。「うち、キヨシ君のために、だいぶ泣いたやろ。もうキヨシ君のために出す涙は品切れや。キヨシ君が死んだって、もう泣いてやらへんで。」「ほんまやな

あ。涙に品切れがあったら、かなしみはどんな人間にも平等にあるちゅうことになるやろ。涙が品切れになったら幸福になる、そんなんやったらええのにな」「ほんまや」（同上、p.346より）。

　神戸の街は、古来、開かれた街である。1000年以上前にも平安貴族の往来があり、福原遷都の時にはごく短期間ではあったけれど首都として洛中から膨大な数の人と物の流入を経験した。兵庫津（港）が活発に経済活動を行うようになってからはもちろん、北前船のルートとして栄えた頃、山陽道が整備されて以後など、交通の要衝となった。歴史を振り返れば、国内ばかりでなく海外とも人や物の往来が盛んであることを常態とする街である。

　さまざまな形で移住者を受け入れ、関西弁を母語としない人びとが神戸で習得した関西の言葉がやがて次の世代に受け継がれて、大阪弁話者にも京都弁話者にも、関西方言としては同じと知覚されるような神戸のことばが脈々と息づいている。神戸では、言語コミュニティも神戸の街と同様、開放的で、外来の話者達が獲得した関西弁の異種に「けったいな言葉使いや」などと目くじらを立てず、言語コミュニティ全体が「癖のない」関西弁を育んできたという点で、開かれた街、神戸の面目躍如のことばの有様なのである。

2．神戸の文学

　京都や大阪に比べると文学作品の舞台となることが少ないように思える神戸であるが、実は夥しい作者・作品に縁がある。神戸を舞台にした文学作品をいくつか拾って、そこにただよう神戸らしさを味わってみたい。

（1）『源氏物語』第十二　須磨の巻
　2008年に成立一千年を迎えたとされる日本最古の長編小説、紫式部『源氏物語』は、その大部分の章が京都中心部及び嵯峨野、大原、宇治などを含むその周辺地域を舞台にしている。ところが、第十二の須磨の巻ではその名に見えるとおり、現在の神戸市須磨区が舞台となる。主人公の貴公子光源氏（26歳）は、ある時、腹違いの兄（朱雀帝、父は桐壺帝、母は古徽殿女御）が入内を望んで

いた右大臣の娘、朧月夜と関係を持ってしまった。この一件により政敵右大臣とその長女、すなわち、かつて光源氏の母である桐壺の更衣が帝の寵愛を一身に集めていたのを恨んでいた古徽殿女御からの攻撃により東宮(桐壺帝と藤壺中宮の子、実際は藤壺中宮と光源氏の子)に難が及ぶのを避けるため、自ら都を離れ須磨に退くことにしたのである。

須磨は9世紀の公卿在原行平(818-893)がかつて帝の不興をかって流され、「藻塩(もしほ)垂れつつ侘(わ)ぶと答へよ」と歌って住んだ所である。この古事に倣って都から退いた源氏である。須磨の佇まいの、都ぶりとはよほどに異なる風情に風流を感じつつも、都を偲びながら暮らす様子が描写される。先の見えぬ隠棲に心細さをこらえながらも、世間の風を構うことなく訪れた親友の三位中納言との再会を喜び、山賤が通じにくい言葉で、しかし浮き世の悩みを都人と同じく語るのを面白く聞いたりする。

当時、須磨という地は洛中から遠く離れ、風光明媚ではあるものの寂しさのつきまとう漁村で、雅な文物とは無縁の地であったように描かれている。

> かの須磨は、昔こそ、人の住みかなどもありけれ、今は、いと里離れ、心すごくて、海士(あ)の家だに稀になむ」と、[源氏は]聞き給へど、……
> (山岸徳平校注『源氏物語』(二)、p.13)

瀬戸内寂聴による現代語訳の対応箇所は以下のとおりである。

> 「あの須磨というところは、昔こそ人の住処(すみか)などもあったようだが、今は、すっかり人里離れてもの淋しく荒れはてて、海人(あま)の家さえほとんどみられない」とか、お聞きになりましたけれど、……
> (瀬戸内訳『源氏物語』巻三、p.6)

そのような都落ちの地へと春頃、退去した源氏の心境をますます寂しくさせたのは季節の移ろいである。有名な須磨の秋の描写を同様に少しあげておこう。

> 須磨には、いとど心づくしの秋風に、海はすこし遠けれど、行平の中納言の、「関吹き越ゆる」と言ひけむ浦波、よるよるは、げに、いと近う聞えて、またなくあはれなるものは、かゝる所の秋なりけり。[源の]御前に、いと人少なにて、うち休みわたれるに、[源は]ひとり目をさまして、枕をそばだてて、四方の嵐を聞き給ふに、波、たゞこゝもとに立ちくる心地して、涙おつともおぼえぬに、枕うくばかりになりけり。

(巻一二　須磨、『源氏物語』（二）p.41)

須磨ではひとしお物思いをそそる秋風が吹きそめ、海は少し遠いのですけれど、行平の中納言が〈関吹き越ゆる〉と詠んだ、須磨の浦波の音が、たしかに夜毎夜毎、いかにもその歌の通りにすぐま近に聞こえてきて、またとなくあわれなのは、こういう所の秋なのでした。おそばにもすっかり人が少なくなり、誰もみな寝静まってしまいましたのに、源氏の君はひとりお目ざめになられ、枕から頭を起こして、四方に吹き荒れる風の声をお聞きになっていらっしゃいます。波がついこの枕元まで打ち寄せてくるような心地がして、涙がいつ落ちたとも覚えのないまま、もう枕も浮くばかりに涙にぬれているのでした。
　　　　　　　　　　　　　　　　　　　（『源氏物語』巻三、p.48)

（2）『小倉山百人一首』より

　源氏物語では随分な僻地扱いの須磨であるが、実は須磨の浦は古来、淡路島を望む歌枕を抱える土地でもある。例えば、『小倉山百人一首』に採られた源兼昌の次の歌を挙げたい。

　　淡路島　かよふ千鳥の　鳴く声に　幾夜寝覚めぬ　須磨の関守

　源兼昌は『源氏物語』成立よりおよそ100年後の歌壇で活躍した人で、この歌は『金葉和歌集』（冬288）の歌である。この歌を本歌として藤原定家の『続後拾遺和歌集』旅部にある歌は次である。

　　旅寝する　夢路はたえぬ　須磨の関　通ふ千鳥の　暁の声

　この他にも須磨近辺を歌った歌は『万葉集』以来、数多くある。やはり、百人一首に権中納言定家（藤原定家）による一首もある。『新勅撰集』巻十三にみえる歌で、万葉集に本歌があるそうである。

　　来ぬ人を　まつほの浦の　夕なぎに　焼くや藻塩　身もこがれつつ

　まつほの浦とは淡路島の北端にある松帆岬にあたる。須磨は、浦風、浦波、特産物の藻塩を焼く煙、松の木立、と歌に読み込む材料には事欠かない。歌枕というのは今でいう観光名所と考えてもよいだろう。現在の神戸市須磨区の海岸沿いをJR山陽線が疾走している。JR東海道線を乗り継いで、京都、大阪を過ぎ、神戸の都心を車窓から眺めてきた目に、突然のように浜辺に出る感覚が

写真7-1　須磨の海岸付近

新鮮である。広々と瀬戸内海が広がり、砂浜に打ち寄せるさざ波のはるか向こうには、巨大なタンカーが黒く平たい姿で航行していくのが見える。やがて、舞子浜、明石海峡に至り、現在の歌枕、明石大橋が優美な姿を見せ、旅心、歌心を誘っている。そして、須磨にはもはや、かつて光源氏が蟄居の憂き目にあったその心情に沿うような荒れた鄙びた様子はなく、往時と変わらぬのは、打ち寄せる浦波、潮の香りを運ぶ風、眼前に迫る淡路の島影である。

（3）『猫と庄造と二人のおんな』
　さて、神戸の文学を扱うこの節はいきなり神戸の西の端から始めてしまったが、実はいろいろな顔を持つ神戸には、文学の舞台もあちこちにある。今度は東の端に行ってみよう。神戸を舞台にした文学は必ずしも関西人によるものばかりではなく、いつの間にかすっかり神戸に居着いてしまった関東人によるものもある。中でも主に大正から昭和にかけて文壇で活躍した谷崎潤一郎（1886-1965）は有名である。谷崎は東京日本橋の生まれであるが1923年の関東大震災を期に関西に移住し、30余年を京都や神戸で過ごした（後に1956年頃に東京へ戻る）。作家・詩人の佐藤春夫（1892-1964）との細君譲渡事件（1930年）などスキャンダラスな行状が取り沙汰されることもあるが、その作品や作風は、あたかも幾度となく繰り返される流行のように、時代時代の読者

を惹きつけてやまない。1カ所に住まうのを好まぬ谷崎が異例にも6年間も住んだという神戸市東灘区の倚松庵は、芦屋が主な舞台の『細雪』(1947-1948)で作中人物などの住まう家屋のモデルとして名高い。

そんな谷崎の昭和初期の作品に『猫と庄造と二人のおんな』(1936年)という中編小説がある。登場人物は、気の強い新・旧の妻2人に囲まれて気の弱いわりに案外ふてぶてしいところのある庄造、そして庄造の愛してやまぬ雌猫リリーである。庄造の母おりんと折り合いの悪かった前妻の品子との離婚、おりんの勧める、親戚筋の福子との再婚が庄造を蚊帳の外においたかのように、あれよあれよという間に進んでしまった。とはいえ、それで思うところもさして無さそうな庄造のただ一つの気がかりは離縁された品子のたっての望みで品子の元にやられた愛猫リリーであった。福子の目を盗んで芦屋の家を出た庄造は甲南市場でリリーの好物の鶏を買い込み、国道沿いにひたすら西へ進み、六甲登山口を上がったところにある品子が身を寄せる家まで忍んで行く。その日は隣の空き地で待てども待てどもリリーと会えず、さらに増すリリー会いたさに堪えきれず、再び品子の家を訪ね、品子の妹に頼み込んでの再会を（おそらくは）一方的に喜ぶのである。

> 庄造は、狭い、急な段梯子を上がる間も胸がドキドキした。ようよう日頃の思いが叶って、会うことが出来るのは嬉しいけれども、どんな風に変わっているだろうか。野垂れ死にもせず、行方不明にもならないで、無事にこの家にいてくれたのは有り難いが、虐待されて、痩せ衰えていなければいいが、…まさか一と月半の間に忘れる筈はないだろうけれど、なつかしそうに傍へ寄って来てくれるかしらん？　それとも例の、羞渋んで逃げていくかしらん？　…蘆屋の時代に、二三日家を空けたあとで帰って来ると、もう何処へも行かせまいとして、縋り着いたり舐め廻したりしたものであったが、もしもあんな風にされたら、それを振りきるのにもう一度辛い思いをしなければならない。
>
> （『猫と庄造と二人のおんな』p.118より）

流行の言葉で言えば、草食系の庄造の、リリーに対する強い執着ぶりが、稜線を浮かび上がらせる六甲摩耶山系の麓、神戸の東の街々を縫って描写されている。どこかのんびりとした住宅が軒を連ねるイメージの街角で、六甲登山口バス停にほど近く、鶏の竹皮包みを抱えて、リリーの影でも見えぬかとガラス障子を見上げて必死に執着と向かい合う庄造の、他人から見れば滑稽な、しか

し、ふと胸に手を当ててみれば、読者のそれぞれも、対象こそ異なろうとも捨てきれずに持っている執着が、具体的な描写となって迫ってくる。思えば、ハイカラに洒落て、古くから舶来の文物との接触が直接的であった街、執着というものが何よりも似つかわしくない神戸をわざわざ舞台にもってきたのは、これにハイライトを入れたように浮かび上がらせるためだったのだろうかとまで思えてくるから、この小説が神戸を背景とするのも必然性があったと言えようか。

（4）『火垂るの墓』
　昭和初期の、人間の内面の動きを主題とし読者もまたいつの間にか小説の中に入り込んでしまう谷崎の小説とはちがい、あくまでも読者は傍観者として存在するしか術のない小説にもまた、神戸を舞台にしたものがたくさんある。ここでは、アニメーション映画の形でもよく知られた『火垂るの墓』（1968年）を挙げたい。作者の野坂昭如（1930−）自身が経験した1945年6月の神戸大空襲とその後の暮らしを下敷きにしてこの小説が書かれたことはよく知られている。焼け出された人びとの塗炭の苦しみを、その苦しみの渦中にある14歳と4歳の兄妹の姿から描写する。その筆致には作中の主人公達とは異なり生き延びた作者の、この喪失を一体どうしてくれるのだという諦めきれない思いが込め

写真7−2　JR三ノ宮駅構内

られているのではないかと読者に感じさせる。その思いは読者がやすやすと作中に入り、思いを共有することを許しはしない。

　大空襲で母を失い焼け出され、御影、石屋川、西宮、夙川周辺を幼い妹を連れ、無援でさまよう清太が主人公である。冒頭、省線三宮駅のコンコースの円柱にもたれて衰弱し動けなくなった清太とその回りを通り過ぎ行く有象無象の活気あふれる有様を、終戦前後の世間の変わり身の素早さを妙にリズム感のある描き方で、皮肉を込めて恨むように筆者は描写する。餓死した妹を茶毘に付した遺骨をドロップ缶に納め携えて、瀕死の清太は「今、何日なんやろ、何日なんや」とそればかり思いながら、やがて、終戦から1か月余の9月22日の午後に三宮駅構内で野垂れ死ぬ。ドロップの缶は駅員が浜側の焼跡の夏草に投げ込み、清太は「他に二、三十はあった浮浪児の死体と共に、布引の上の寺で茶毘に付され、骨は無縁仏として納骨堂へおさめられた」と結んで小説は終わる。第二次世界大戦時の子供らの遭遇した不条理の数々を凝縮した『火垂るの墓』は、日本随一の反戦文学である。作品の中にちりばめられた地名をはじめとする固有名詞、リアルな佇まいはいずれも現在、その地を辿ることが難しくはない。その意味では実に西宮以西から三宮の土地を知る読者には近しく感じられる小説である。しかし、蹂躙される生命の口惜しさ、世間の無責任を時の流れの中に俯瞰して描写する収まることのない憤りは、舞台がどこであろうと変わることなく、むしろ、神戸という舞台設定の必然性は霞んでいる。

（5）『僕に踏まれた町と僕が踏まれた町』

　さて、神戸の街を書いた文学作品の中で、随筆から1つ挙げておきたい。2004年に急逝した中島らも（1952-2004年）による『僕に踏まれた町と僕が踏まれた町』（1994年）である。尼崎に生まれ、東灘の灘中・高校で過ごした後、神戸の都心にある予備校に通った中島が、子ども時代や、神戸で過ごした日々をエッセイの形をとって綴った自伝である。神戸の中華料理屋のレベルの高さを語り、大阪のたこ焼きと神戸の明石焼きを比べ、三宮の東遊園地の植え込みに泊まり込む。神戸の街で過ごした青春に酔う風でもない、全般にカラリとした文章は読む者にシンドイ思いをかけない。神戸の街の事物を筆者がさまざまに取り上げるのを読み進むうちに神戸の日差し、その作る影、街の匂いまでが

伝わってくるようである。神戸の街の風景に溶け込んだ何も失うものもないかのような若者の斜に構えているような半笑いや半泣きの目線を、せめて当時を振り返ることで取り戻そうとするかのように筆者は書き綴る。浪人時代に自殺してしまった高校の友人のことを半分恨みながら、悼みながら次のように誰にともなく諭すようなくだりがある。

> ただ、こうして生きてきてみるとわかるのだが、めったにはない、何十年に一回くらいしかないかもしれないが、「生きていてよかった」と思う夜がある。一度でもそういうことがあれば、その思いだけがあれば、あとはゴミクズみたいな日々であっても生きていける。だから、「あいつも生きてりゃよかったのに」と思う。生きていて、バカをやって、アル中になって、醜く老いていって、それでも「まんざらでもない」瞬間を額に入れてときどき眺めたりして、そうやって生きていればよかったのに、と思う。あんまりあわてるから損をするんだ、わかったか、とそう思うのだ。
>
> （『僕に踏まれた町と僕が踏まれた町』「浪々の身３」　集英社文庫）

　神戸を舞台にした文学作品や作者について話題にするには、本来、絶対に落とせないはずのトピックが他にもたくさんあり、挙げだしたら収拾がつかないと思うので、ここでは新旧とりまぜた５点にとどめた。

【参考文献】
青木雄二『ナニワ金融道』第１巻、講談社漫画文庫、講談社、1999年。
大島一郎「解説　二　各地の方言」文化庁編『標準語と方言』大蔵省印刷局、1977年、pp.33-50。
尾崎雅嘉（著）・古川久（校訂）『百人一首一夕話』（下）、岩波文庫、岩波書店、1973年。
加藤正信「日本語Ⅲ-６（現代日本語　方言）」『言語学大辞典』第２巻　世界言語編（中）、三省堂、1993、pp.1757-1772。
鎌田良二（編著）『兵庫県の方言地図』神戸新聞総合出版センター、1999年。
亀井孝・河野六郎・千野栄一（編）『言語学大辞典』三省堂、1989–1995年。
川端康成『古都』新潮文庫、新潮社、1968年。
柴田武「解説　一　標準語、共通語、方言」文化庁編『標準語と方言』大蔵省印刷局、1977年、pp.22-32。
崎山昌廣（監修）『神戸学』神戸新聞総合出版センター、2006年。
瀬戸内寂聴（訳）『源氏物語』巻三、講談社、1997年。
橘幸男『ひょうごの方言　暮らしに息づくふるさとの言葉』神戸新聞総合出版センター、2004年。
田辺聖子『田辺聖子の小倉百人一首』角川文庫、角川書店、1991年。
谷崎潤一郎『猫と庄造と二人のおんな』新潮文庫、新潮社、1951年。
東條操（編）『日本方言学』吉川弘文館、1954年。

中島らも『僕に踏まれた町と僕が踏まれた町』集英社文庫、集英社、1997年。
野坂昭如『あめりかひじき・火垂るの墓』新潮文庫、新潮社、1972年。
灰谷健次郎『太陽の子』角川文庫、角川書店、1998年。
平山輝男『日本の方言』講談社現代新書、講談社、1968年。
文化庁『標準語と方言』大蔵省印刷局、1977年。
松本修『全国アホ・バカ分布考 ーはるかなる言葉の旅路ー』新潮文庫、新潮社、1996年。
山岸徳平（校注）『源氏物語』（二）、岩波文庫、岩波書店、1965年。
山崎整・山口裕史「第4章 くらし・文化・観光」崎山昌廣監修『神戸学』神戸新聞総合出版センター、2006年、pp.109-134
山下好孝『関西弁講義』講談社、2004年。

【注】
1）「言語」と「方言」を区別する言語学的な基準はない。ちなみに、2009年2月にユネスコ（国連教育科学文化機関）が発表した消滅の危機に瀕した世界の2500言語の中に北海道のアイヌ語を始め、日本国内に分布する言語8語が挙げられた。「消滅の重大な危険」にある言語として沖縄県の八重山語、与那国語が、同じく「危険」にある言語として沖縄語、国頭（くにがみ）語、宮古語、鹿児島県・奄美諸島の奄美語、東京都・八丈島などの八丈語が分類されている。報道（2009年2月20日『朝日新聞』夕刊）によれば、ユネスコの担当者は「これらの言語が日本で方言として扱われているのは認識しているが、国際的な基準だと独立の言語と扱うのが妥当と考えた」と話した、とある。アイヌ語は日本語の方言でないことは言語学的に明らかであるが、その他の言語は「〜語」とすべきか「日本語〜方言」とすべきかについて言語学的には基準はない。
2）主として地域を限った使用域をもつことばを指して「方言」というが、これに対置的なことばとして、共通語と標準語がある。共通語は、「一国のどこででも、共通に意思を交換することのできる言語」＊と定義され、標準語は、「共通語を洗練し、一定の基準で統制した、理想的な言語」＊と定義される。本章では、いずれも「学校教育などでお手本と考えられている日本語」を意味するものとしてほぼ同義で使いたい。標準語、共通語、方言については、柴田武（1977）を参照されたい（＊は柴田（1977）に掲載の「国語学辞典」見坊豪紀執筆分より）。
3）古い語彙や語法が辺境に残るという言語地理学の説。都市部の新語などは、波紋のように四方に広がり、辺境の方言には古い言語要素が残ることが多いとする。日本では柳田国男の『蝸牛考』（1930年）で知られている。
4）近年のインターネットの爆発的普及により、通信において文字による情報のやりとりが大いに復活している。口語しかもたない方言はこの場合、使い勝手がよいとは言えまい。近い将来に方言の文語が現れるかもしれない。もっともその前に標準語の文語の変容、即ち、これまで規範とされてきた構文や句法、語彙などの入れ替えなどが活発に生じるのではないか。現時点では、テレビ番組中のインタビューなどで流されるテロップでは方言形式はおおむね標準語に置き換えられている。この点にやはり方言の文語は未確立であることがみてとれる。

第8章
神戸の医療

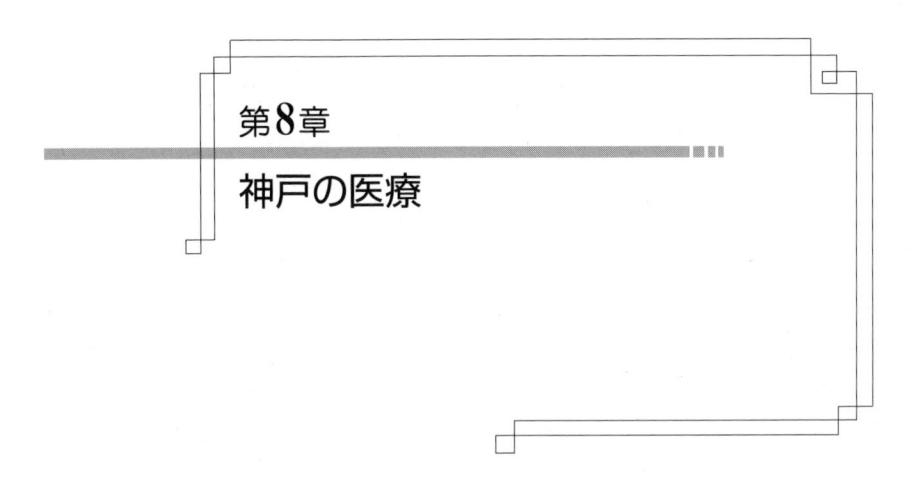

1．神戸の医療の現状

　昨今の日本の医療状況は芳しいとは決して言えません。医師不足は深刻で、ことに地域によりその格差が歴然としています。なかでも、小児を含む周産期医療に携わる医師不足は深刻なものがあります。このような状況で神戸の医療はどのように行われているかにつき、その現状から書き始めてみたいと思います。

（1）神戸市の医療機関
　神戸市では、多くの開業医の先生方をはじめ、1保健所（9保健センター）、さらに神戸大学病院を始め、われわれの属する市民病院機構（神戸市立医療センター中央市民病院・西市民病院）、西神戸医療センター、神戸赤十字病院、神戸労災病院、済生会兵庫県病院、国立病院機構神戸医療センターなどの公的医療機関とそのほか多くの民間病院が医療を支えています。

（2）医師不足の問題
　平成18年の時点で全国には27万7,927名の医師がおり、神戸には4,203名の医師が診療に従事しています。医師の総数は年々増加していますが、なぜ医師不足といわれるのでしょうか。県下で夜間の小児救急休止、県外ではあるがハイリスク

妊婦の受け入れ先に苦慮、結果として流産であるとか、県内の某病院の産婦人科休止、消化器内科の閉鎖などがあげられます。全体として見た場合に、医師不足としては、①医師の絶対数の不足、②病院での必要医師数の不足、③地域偏在による医師数の不足があげられます。また、診療科目の偏在、つまり麻酔科・小児科・産科など特定診療科目の不足があげられています。図8-1は、OECD Health Data 2007によりますが、人口1,000名あたりの医師数はOECD諸国の平均を大きく下回っていますが、看護師数は引けを取りません。逆に、医師1人当たりの外来患者数は日本はOECD諸国と比して極端に多く、医師1人当たりの負担が大きいことが読み取れます（図8-2）。

一方、平成16年度から開始された「新しい臨床研修制度」のもたらした大きな影響として、医師が全国の研修指定病院を自由に選択できることから、結果として

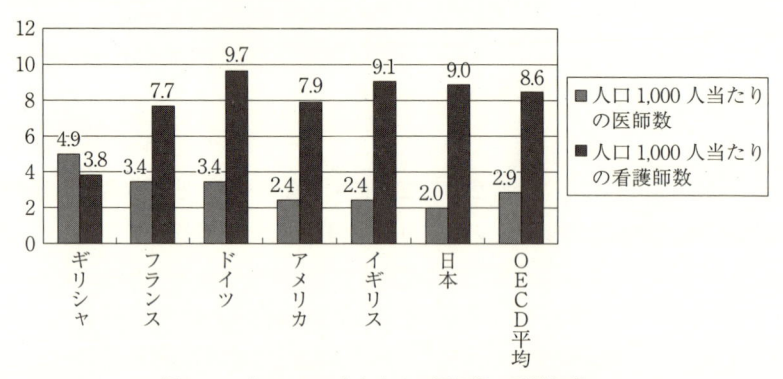

図8-1　人口1000人あたりの医師数・看護師数

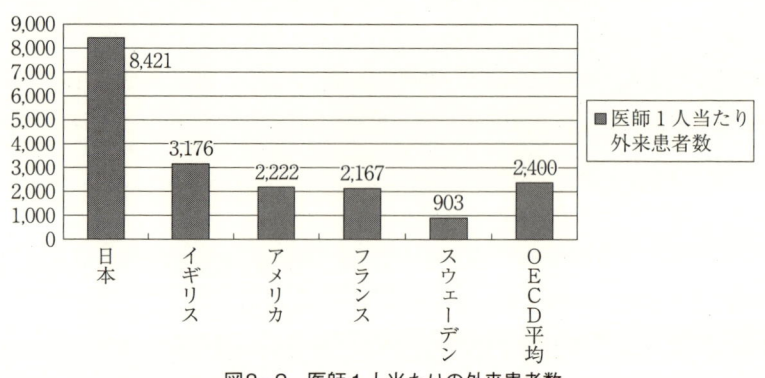

図8-2　医師1人当たりの外来患者数

表8-1 神戸市内の産科・小児科の病院数・常勤医数

診療科目		平成15年度	17年度	18年12月末	19年12月末
小児科	病院数	39	37	34	34
	常勤医数	115	125	128	116
産婦人科 (産科取扱)	病院数	21	17	14	14
	常勤医数	67	57	53	58

(神戸市保健所調べ)

表8-2 一般診療所数

診療科目	平成13年度	17年度	18年度	19年度
小児科	357	337	322	310
産婦人科	65	65	57	53
産科	18	13	13	11

(神戸市保健所調べ)

大学病院での研修医の激減(80%→50%)、有名病院や大都市部の病院に研修医が集中する結果を招いたわけです。大学病院での医師不足は、地方の関連病院からの医師の引き上げという結果となり、地方・僻地・特定診療科の医師不足を引き起こす結果となっていきました。また、女性医師の増加(平成8年：13.4%→平成18年：17.2%)が顕著で、結果として結婚・妊娠・出産・子育てによる休職、離職(これは看護師さんたちも同様でありますが)を招く結果となっていると思われます。これには、両立できる体制つくりが急務であることは論を俟ちません。また、小児人口は平成12年から19年までに微減(0.02%)していますが、小児科

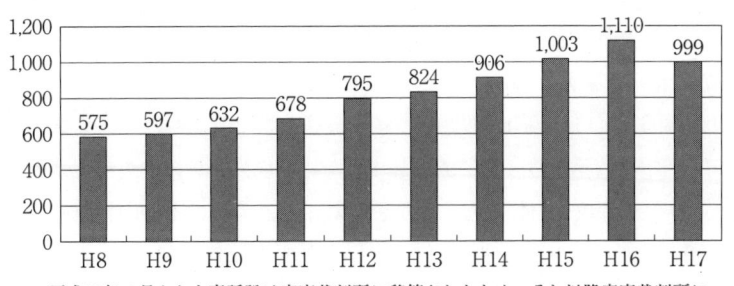

（H8: 575、H9: 597、H10: 632、H11: 678、H12: 795、H13: 824、H14: 906、H15: 1,003、H16: 1,110、H17: 999）

＊平成16年4月から人事訴訟は家庭裁判所に移管されたため、それ以降家庭裁判所に申し立てられた事件数は含まれていない。

図8-3 医事関係民事訴訟(新受件数)
(最高裁判所調べより)

表8-3　医事関係訴訟件数の新受件数（平成16年）

診療科目	内科	外科	形成整形外科・	産婦人科	小児科	精神科（神経科）	皮膚科	泌尿器科	眼科	耳鼻咽喉科	歯科	麻酔科
新受件数	280	253	152	151	30	43	20	28	30	26	85	16
医師1000人当たりの新受件数	3.8	10.9	7.4	12.4	2.0	3.4	2.6	4.6	2.4	2.9	0.9	2.5

最高裁判所ウェブサイトによる（概数）

救急患者数は20％増となっています。表8－1、表8－2のように、神戸市内の小児科・産科の病院数をみますと、明らかに病院数・診療所数は減少し、医師数も減少傾向・少なくとも増加傾向にはありません。また医師に対する訴訟リスクの増加も見逃せないところです。医事関係民事訴訟数でありますが、年々増加しており、なかでも産婦人科・外科の件数が目を引くところです（図8－3、表8－3）。

2．神戸市立医療センター中央市民病院の歴史

さて、当院の歴史について少し述べてみたいと思います。1924（大正13）年3月長田区に病床数25床の市立神戸診療所の開設に始まり、1953（昭和28）年10月に生田区に病床数50床の移転新築となりました。その後、1961（昭和36）年5月に市立医療センターの結成があり、1967（昭和42）年1月に病院管理センター中央市民病院となり、この間徐々に増床を重ね、1967（昭和42）年4月には病床数912床（一般病床746床・隔離病床166床）となり、1981（昭和56）年3月に現病院（中央区）に一般病床数962床、伝染病床数38床の移転新築を果たしたわけであります。新病院は2011（平成23）年7月4日に開院しました。平成19年度の中央市民病院の患者の数は、外来患者数：約47万人、入院患者数：約28万人、その内救急患者数：約4万1,000人であり、市民の健康を守るという重要な役割を担っており、1日たりとも休めません。各種指定の主な状況は、第一種・第二種感染症指定医療機関・救命救急センター・がん拠点病院・エイズ治療拠点病院・災害拠点病院・地域医療支援病院・臨床研修医・歯科研修指定病院・臓器提供施設などであります。

3．看護部

さて、看護部ですが、次のような運営理念を掲げ日夜看護業務に携わっています。

看護部運営理念
・地域をリードする高い専門性を備えた人材を育成する。 ・プロとしての誇りと自覚を持ち、市民に信頼される安全で満足度の高い看護サービスを提供する。 ・医療チームの中で看護の専門性を発揮し、他部門との共同、役割分担を推進する。 ・看護の質、経済性のバランスを基盤に看護管理を行い、経営改善に貢献する。 ・ワーク・ライフ・バランスに取り組み、職員が働きやすく働き続けられる環境づくりを行う。

　看護職員の概要は（当院は7：1看護の指定を受けています。一般病棟では、看護師1人が対応する患者数に応じて「15対1」「13対1」「10対1」「7対1」の4区分があります。「7対1」は2006年の診療報酬改定で設けられました。最も多くの看護師が必要になる分、医療保険から病院に支払われる報酬は最優遇されます）、看護師・助産師818名、パート看護師83名で、平均年齢は32.3歳、勤続年数は9.3年で、専門学歴の割合は、大学院2.0％、大卒35.2％、短大卒21.5％、専門学校他41.3％であります。

　看護師とは、厚生労働大臣の免許を受けて、傷病者もしくは褥婦に対する療養上の世話または診療の補助をなすことを業とするものをいいます。「療養上の世話」とは、看護師が主体的に判断し実地する業務をさし、「診療の補助」とは、医師の指示が必要な業務をさします。看護師が勤務する部門として、①外来・病棟、②手術部・中央材料室、③重症集中治療部（ICU）、④救急部、⑤画像診断・放射線治療、⑥地域医療部などがあります。さらに、最近では専門看護師の活躍の場が増え、チーム医療での活躍を含めて幅が広がりつつあります。看護・助産専門外来では、医師と協働して患者さんに専門的な看護サービスを提供しています。例えば、ストーマ外来・フットケア外来・リンパ浮腫ケア外来・緩和ケア外来・助産師外来などが上げられます。

　専門看護師・認定看護師の資格と役割は次のようになっており、当院においても専門看護師7名、認定看護師21名と多くの資格を持った有能な看護師さんたちが、活躍しておられます。

専門看護師の資格と役割

資格：看護系大学院において専門看護師教育課程を修了
役割：
①実践：個人家族および集団に対して卓越した看護を実践する。
②相談：看護職を含むケア提供者に対しコンサルテーションを行う。
③調整：必要なケアが円滑に行われるために、保健医療福祉に携わる人々の間のコーディネーションを行う。
④倫理調整：個人、家族および集団の権利を守るために、倫理的な問題や葛藤の解決を図る。
⑤教育：看護職に対しケアを向上させるため教育的役割を果たす。
⑥研究：専門知識及び技術の向上ならびに開発を図るために実践の場における研究活動を行う。

認定看護師の資格と役割

資格：日本看護協会が認定した6カ月の認定看護師教育課程を修了
役割：
①実践：個人、家族および集団に対して、熟練した看護技術を用いて水準の高い看護を実践する。
②指導：看護実践を通して看護職に対し指導を行う。
③相談：看護職に対しコンサルテーションを行う。

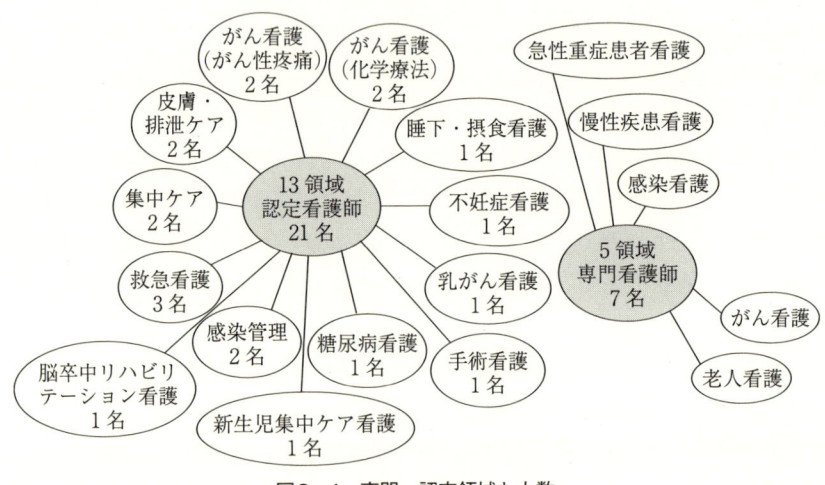

図8-4 専門・認定領域と人数

4．神戸市の救急医療体制

(1) 神戸市の救急医療の歴史

救急医療とは、①緊急の処置または治療が必要な「けが」や「病気」などに対して行われる医療、②適切な医療を早急に行わなければ、生命や身体機能を失うに至る傷病に対する医療をさします。表8-4、表8-5に日本の救急医療の歴史、神戸市における救急医療体制整備の経緯が示されています。

表8-4　日本の救急医療の歴史

昭和39年	厚生省の救急病院などを定める省令により、「救急告示病院制度」が整備	← 交通事故による死亡者・負傷者の急増
昭和52年	昭和52年救急医療対策実態要綱により、初期救急医療施設から第二次、第三次救急医療施設へ流れるシステムが構築	← 人口の高齢化に伴う疾病構造の変化
昭和61年	消防法の改正により、「救急患者の搬送」が消防の業務へ	
昭和62年	厚生省令により、救急告示病院も外傷から急性疾患中心へ拡大	

表8-5　神戸市の救急医療体制整備の経緯

昭和40年	中央市民病院救急告示
昭和46年	休日急病電話相談所（東灘区）開始
昭和50年	急病診療所開設（内科・小児科）
昭和54年	病院群輪番制（内科・外科）　東西2ブロック
平成元年	病院群輪番制再編　6ブロック
平成3年	小児科病院群輪番制
平成14年	小児科休日急病診療所開設
平成16年	神戸市救急医療機関案内業務（Ko+MeT）開始

(2) 日本独自の救急医療体制と神戸市の体制

日本独自の救急医療体制として、図8-5のように初期（一次）救急から、二次、三次救急が構築されています。初期救急医療機関とは、入院治療の必要がな

く外来で対処しうる帰宅可能な患者への対応機関（表8-6）、二次救急医療機関とは、入院治療を必要とする重症患者に対応する機関（表8-7）、三次救急医療機関とは、二次救急医療では対応できない複数診療科にわたる、特に高度な処置が必要、または重篤な患者への対応機関（表8-8）です。

三次救急：高度で専門的な医療救命救急

二次救急：入院・手術を要する重症患者

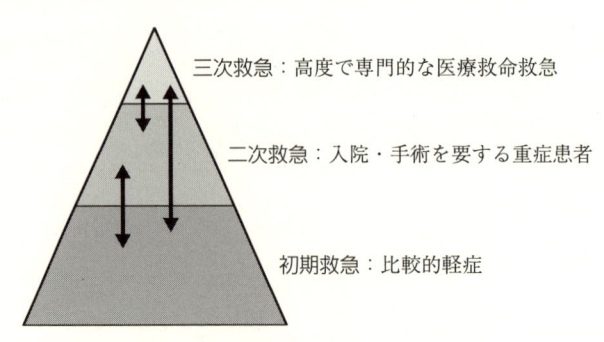

初期救急：比較的軽症

図8-5　日本独自の救急医療体制

表8-6　初期救急医療機関の神戸市の体制

休日急病電話相談所	内科・小児科など	休日	9：00〜16：30
急病診療所	内科・小児科	月〜金	21：00〜23：40
		土・休日	18：00〜23：40
	耳鼻科・産婦人科	休日	9：00〜16：40
	眼科・耳鼻科	土	18：00〜23：40
小児科休日急病診療所	小児科	休日	9：00〜16：40
休日歯科診療所	歯科	休日	10：00〜15：00

表8-7　二次救急医療機関の神戸市の体制

	内科系（4ブロック）	6病院
病院群輪番制	外科系（4ブロック）	4病院
	脳疾患・循環器疾患	4病院（各2病院）
	整形外科・その他	4病院（各2病院）
	小児科	1〜2病院
市立医療センター西市民病院	内科系・外科系	
西神戸医療センター	内科系・外科系	

表8-8　三次救急医療機関の神戸市の体制

市立医療センター西市民病院	救命救急センター24時間体制
その他	
兵庫県災害医療センター	救命救急センター

（3）救急医療の現状

　救急医療を取り巻く厳しい現状としては、①救急医療のコンビニ化、②救急患者数や救急車の出動件数の増加、③救急医療を行う医療機関数の不足が上げられ、結果として「本来の救急機能が果たせない」という結果が起こっています。図8-6、図8-7に示すように救急患者数・救急出動件数は増加し、図8-8は救急医療を行う医療機関数の不足を示しています。

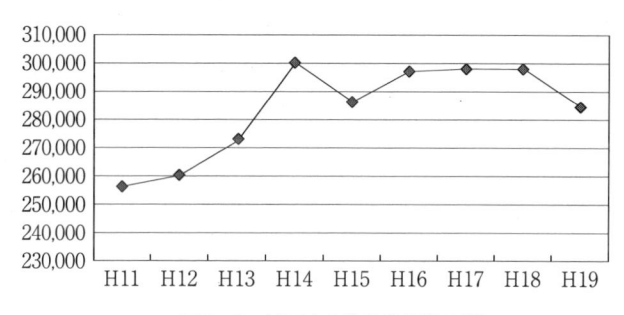

図8-6　神戸市の救急患者数の増加

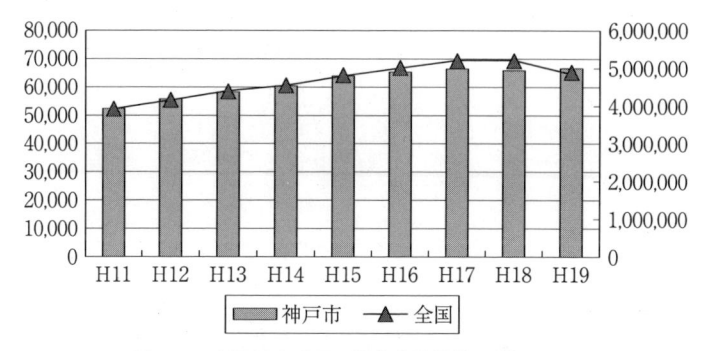

図8-7　神戸市と全国の救急出動件数の増加

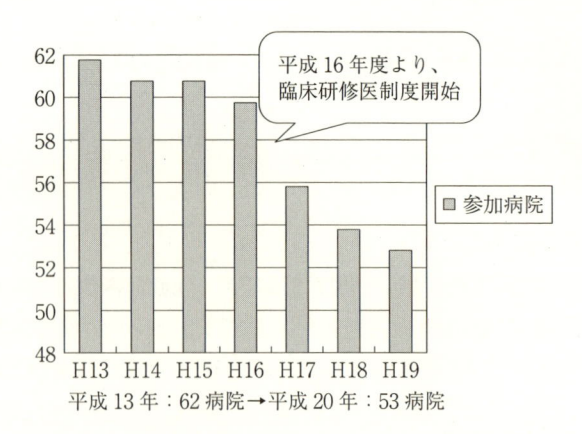

図8-8　救急医療を行う医療機関数の不足（二次救輪番参加病院数の経緯）

平成13年：62病院→平成20年：53病院

　図8-9は、「神戸市の救急受信状況」を示していますが、目指すべき理想の姿からかなり逸脱してしまっています。

　表8-9は政令都市の救急受信状況を示していますが、都市によってかなり状況に差が認められています。図8-10は「救急出動件数」を全国と神戸市で比較したものです。救急出動件数は年平均5％、10年間で1.4倍に増えています。図8-11、表8-10は「救急搬送患者の状況」を示していますが、半数以上が「軽症」です。

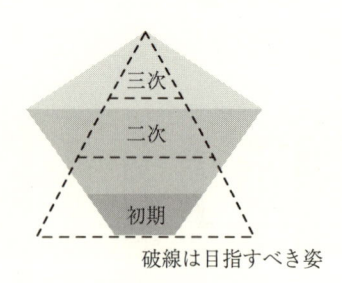

破線は目指すべき姿

図8-9　神戸市の救急受診状況

表8-9 政令指定都市の救急受診状況　　　　　　　　　（単位：人）

	人口	初期救急医療機関	二次救急医療機関	三次救急医療機関	合計
神戸市	1,530,884	26,985	124,702	50,790	202,477
札幌市	1,895,069	166,558	9,120	215	175,893
仙台市	1,029,571	102,301	39,801	30,902	173,004
さいたま市	1,201,292	58,485	12,339	−	70,824
千葉市	931,544	69,174	2,698	−	71,872
川崎市	1,371,629	51,328	162,947	−	214,275
横浜市	3,630,036	149,429	64,197	3,259	216,885
新潟市	805,500	58,623	13,972	14,278	86,873
静岡市	720,717	73,586	63,205	−	136,791
浜松市	823,753	47,388			47,388
名古屋市	2,238,223	57,546	88,341		145,887
京都市	1,469,520	38,691	6,553	−	45,244
大阪市	2,643,805	108,291	−	21,201	129,492
堺市	834,976	42,437	125,635	−	168,072
広島市	1,165,386	146,157	41,564	9,672	197,393
北九州市	987,327	56,125	9,701	33,075	98,901
福岡市	1,428,961	80,097	839	−	80,936

平成19年11月調査（神戸市保健福祉局調べ）

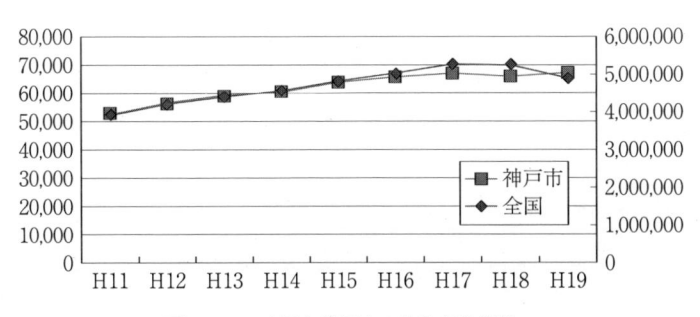

図8-10　全国と神戸市の救急出動件数

表8-10 平成19年の救急搬送患者の状況
(単位：人)

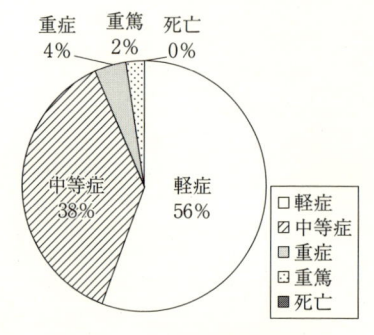

軽 症	32,174
中等度	21,756
重 症	2,464
重 篤	1,378
死 亡	8
合 計	57,780

図8-11 救急搬送患者の状況
軽症 56%、中等症 38%、重症 4%、重篤 2%、死亡 0%

(4) 救急医療を枯渇させないために

　救急医療を枯渇させないためには図8-12のように、「市民」「行政」「医療機関」とのそれぞれの「努力」と三者の「協力」が必要になってきます。以下は具体的対応を示しています。

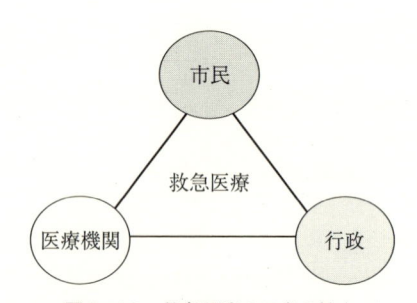

図8-12 救急医療の三者の協力

救急医療を枯渇させないために
・医療機関ができること 　→市民へ医療を提供し、安心・安全を守る ・行政（神戸市）ができること 　→医師の働きやすい体制・環境づくり 　→医師数の確保に向けて国・県へ要望

市民の皆さんにお願いしたいこと
・かかりつけ医師・歯科医師をもちましょう。 ・コンビニ受診はやめましょう。 ・適正な医療機関を受診しましょう。 ・当番病院などの情報は、常にわかるようにしておきましょう。 ・普段から救急時への危機管理をもちましょう。 ・健康第一!!

　最近の特記すべき事項としては、2010年1月に神戸市・神戸市医師会・神戸大学など市内医療関係者の協力のもと、神戸市小児救急医療事業団を立ち上げ、神戸こども初期急病センターを整備し運営を開始したところです。救急医療や小児救急医療は、地域全体で取り組む課題であり、特に小児救急医療の確立は、地域住民が安心して子育てができる環境に繋がっていくわけで、2010年11月から運用が開始され、小児初期診療患者を受け入れて頂けることから、われわれ中央市民病院としても、大変期待しています。現に三次救急小児患者のスムーズな受け入れに繋がっています。

5．地域・神戸市立医療センター中央市民病院の課題

　地域のもう1つの大きなテーマとしては、回復期リハビリセンターの充実であり、それが充実することは、急性期から回復期へのスムーズな移行に繋がり、引き続きその充実を待ちたいと考えています。さらに中長期の受け入れ病院、施設の充実も急務であり、その仕組みの充実が待たれるところであります。
　当院の課題として、①設備の老朽化、②医療技術の進歩や効率的医療提供への対応、③患者・家族の視点に立った療養環境の改善が必要でしたが、それらを満たす新病院を2011年7月4日にオープンすることができました。

第9章
阪神・淡路大震災の教訓

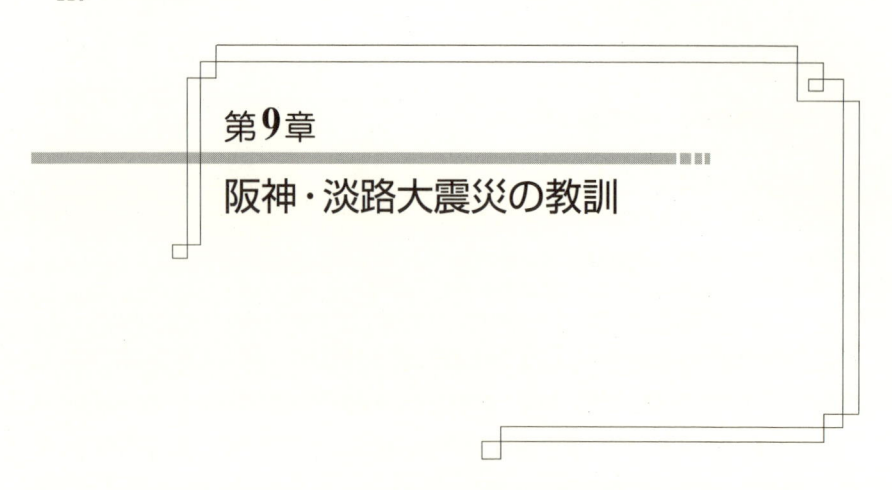

　今日、17歳以下の人たちには記憶にあるはずのない神戸を中心とした阪神・淡路大震災は高度に発達した近代都市の直下型大地震として人類史上最初にして最大の災害として記憶されるべきものである。一瞬にして、6,500余人の犠牲者の8割を失うような大惨事は二度と繰り返してはならない。自然災害そのものは避けることができないとしても、被害は最小限に食い止める必要がある。そのためには災害の実際を確かめ、教訓を引き出して、次の災害に備えなければならない。

1. 阪神・淡路大震災の記録

(1) 地震の被害状況

　1995年1月17日午前6時54分、阪神・淡路に直下型の地震があり、震度6、マグニチュード7.2、死者7,544人、行方不明者54人を出し、人口密集した近代都市の災害として世界最大で、日本では、犠牲者の数として関東大震災（1912年、M8.3）の死者14万2,807人に次ぐものであった。死亡の原因は、80％が一瞬の圧死であり、90％が震災後1週間以内の死であった。

　震災2週間後、1995年2月1日、死亡5,087人、行方不明12人。2月16日（1カ月後）、最終的には死者6,540余人、行方不明者2人であった。避難所に21万3,379人が避難した（ピーク時の1月24日には30万7,022人が避難した）。政府は仮

写真9-1　家屋の倒壊
死者の8割は一瞬の死であり、これら倒壊家屋の下に人々がいた。

写真9-2　長田地区の火災と焼け跡

設住宅建設計画を1万9,000戸から2万戸に増加させた。この先、仮設住宅から本来の住居に落ち着くのに丸5年を要した（1999年12月13日全入居所帯の行き先が決まった）。

　地震直後から各地に火災が発生し、救助を困難にし、犠牲を増大させた。家屋の倒壊で道路が閉鎖され、消火・救出活動も制限された。焼け跡の遺体確認は困難な作業で、指の骨1個で死亡確認をした人もいた。

　医療機関も被害が大きく、医薬品も底をつき、一部の医療機関に患者が殺到したのに対し、情報の不足から少数の患者しか見ることのなかった病院もあり、患者数の偏在が顕著であった。

写真9-3　近代都市神戸を襲った直下型地震の爪あと

（2）神戸市立中央市民病院（現神戸市立医療センター中央市民病院）の状況

　神戸市立中央市民病院の場合、150万都市の神戸で唯一の救命救急センターでありながら、ポートアイランドに渡る神戸大橋の損壊で、救急搬送が制限され、水を含むライフラインの途絶・自家発電装置の不全で、院内の清潔管理、医療機

器の使用が不能になり、一時、全機能が止まった。それは、屋上の水槽の損壊により、院内の水が、リハビリテーション用ハーバードタンクの水を残してまったく無くなり、発電装置の使用不能、医療機器、特に圧縮空気の製造が止まったことから、人工呼吸器が使用不能に陥った。12人の患者の人工呼吸を手動できりぬけざるをえなかった。それは最長59時間に及んだ。これらはすべて連鎖反応的に連なり、全病院機能をほぼ停止させた。ベッド数1,000床の日本有数の規模を誇る病院の機能が停止した。

　その他にも、あわや危機一髪の状態で、偶然にもきりぬけえたものに、ガス・電気のビル内への主引込み線が、地盤沈下により引っ張られて、断裂直前の状態にあった。地下放射線検査・治療用の放射線物質の容器も水に浮いている状態で、あわや放射能汚染に陥るという状態であった。これらはすべて、1カ所の屋上の水槽の破損に端を発している。その原因は、その部分だけが1981年より以前の「建築基準法」に拠ったもので、他のすべての部分はきたるべき建築基準を先取りしていた。なぜ、屋上の水槽部分だけが旧建築基準法で工事されたのかが、病院災害の原因分析の教訓の要と言える。

2．阪神・淡路大震災の教訓

（1）災害対策本部の迅速な立ち上げ

　最も強く叫ばれた"反省"は本部機能の低さにあった。情報を集め、何にどう対応するかが明確でなかった。阪神・淡路大震災を特徴付けるボランティアの活動にしても、震災直後はその力を必要とされる場所に配分することができず、それぞれのグループが役割を持つのに時間がかかった。医薬品も全国から寄せられたが、一部に山積みされ、それを必要とする病院、救助所へ配られるのに時間がかかった。医療については、被災地ではいつまで待っても救援がこないといらいらし、外部では手に負えない重症例をなぜ搬送しないのか、これもいらいらしながら待っていた。災害対策本部長の村山首相は2日後の1月19日になってやっと現地入りしたありさまであった。本部機能は徐々に整えられていったが、災害直後の最も必要とされた時期には役立たなかった。

　この本部機能の立ち遅れは、中越地震（2004年10月23日、M6.8）に当たっては

災害対策本部機能の立ち上がりに目覚しい改善をみた。

けが人は地域の一定の病院に殺到し、廊下・待合まで使い、定員の倍以上を収容し、発災1週間以上定数を上回り、漸次自力で転送先を探した。一方では、そこからわずか離れた病院で患者はほとんど無く閑で、神戸市内の医療事情はこんなものかと思いながら患者を待っていたという。

医療ニードの偏在は今回の震災の特徴であったが、本部機能として、状況を把握し、被災地内のニードの偏在を知り、利用できる資源を配分する機能が欠けていた。発災後24時間、いわゆる"Phase－0"に災害対策本部は何をすべきかが認識されていなかった。

ボランティアの活用の面では、災害現場では目前の患者の対応に精一杯で、外部への搬送するゆとりがなく、"Phase－0"での外部からの働きかけが必要であり、それをコントロールすることが災害対策本部の期待される機能でもあった。

コラム

　阪神・淡路大震災で注目された挫滅症候群と中越地震での肺塞栓症。挫滅症候群は身体を圧迫した木片などを取り除いた瞬間、毒性を持った血液が全身を回り、心停止に陥ったり、急性腎不全になる状態であり、肺塞栓症は震災後、窮屈な車中避難により下肢の静脈に血栓を生じ、肺に流れて心停止を招くことで注目された。

阪神・淡路大震災における挫滅症候群
　阪神・淡路大震災での発症（厚生省・調査班）
　地震発生後2週間の入院患者6,107人のカルテ調査
　挫滅症候群と診断された症例：372人
　ICU収容：262人
　死亡：50人

中越地震における肺塞栓症
　車中泊避難と肺塞栓症（震災後6日目の車中泊者は約1万人であった）
　1週間以内の発症：11人（航空機での発症率の440倍）　死亡：4人
　（日本人一般の発症率は、10万人に対して0.025人）

(2) 耐震性に優れた建築・都市（Shelter機能を持つ）の必要性

現在の建築基準（1981年制定）は、充分にその機能を果たしているが、新基準による建築物中にある旧基準部分、それらの複合建築に関する脆弱性が証明される場面が多くあった。神戸市役所の2号館、神戸市立西市民病院5階部分の崩壊がそれであった。

神戸市唯一の救命救急センターであった神戸市立中央市民病院は屋上に設置した水槽の破壊により、あたかも、蟻の一穴のたとえの如く、屋上の水槽タンクの破壊により病院機能全体が失われたわけである。

都市計画そのものにも工夫が必要であることが求められた。都市は建造物の耐震基準を充足させると同時に、人口の密集する場所にグリーン地帯を設け、避難場所とし、さらに、ヘリコプター発着の広場と救護所もしくは移動病院設営の可能性も確保する。

病院・保険所・区役所などは必要時に避難所（shelter）としての役割が求められることから、耐震性についての配慮と避難者受け入れのためのスペース確保が求められる。

(3) 防災マニュアル・訓練・コーディネーターの育成

少ないチャンスを活かして、協力して危機を脱出するためには、被災者同士の意思の統一とお互いの協力が不可欠である。そのための、有効なマニュアル作りには、震災体験を盛り込んだマニュアル作り以外に、訓練とコーディネーターの育成が必要となる。コーディネーターは、自治体・組織で複数定め、マニュアルに沿った訓練を指揮すると同時に、他の震災に立ち会い、実際にボランティアを組織する際、チームの指揮が必要となる。コーディネーター指揮による訓練は実際の災害を想定して臨場感を持った、内容のあるものとなる必要がある。

(4) 機器類の置き場所・固定・家庭での防災ルール

重いものを床近くに置き、機器類の固定を確実にすることが、関東大震災による教訓として、東京市民に伝えられ、さらに、家人への連絡用に呼子笛を複数個そなえることが各家庭の習慣になっていたと聞いた。家庭レベルの災害対応も日ごろ話し合っておき、"家訓"ともしておくことが重要である。

3. その後の災害との関連

　中越地震（2004年10月23日、M6.8）の場合は、今回の、本部機能の立ち上がりが早く、数時間後には現地で活動を開始した。阪神・淡路大震災の時、現地の本部機能の立ち上がりが遅れ、震災直後の数日間、本部機能は無いに等しかったことへの反省によるものであった。

　東日本大震災（2011年3月11日、M9.0）は、津波、原発破壊による放射能災害との複合災害である。地震・津波による被害も甚大であるが、原発の炉心溶融による放射線被害は予想のつかない規模であり、チェルノブイリ原発事故（1986.4.26）と並ぶもっとも深刻な国際基準クラス7との判定もある。その原因は、米国のスリーマイル島原発炉心溶融事故（1979年3月28日）と共に、マニュアルの不備・工事の手抜き・経済性の優先が指摘されている。それが正しければ、東日本大震災の放射能被害は明らかな人災と考えられる。

4. 災害ノート

（1）神戸市立中央市民病院〔神戸市唯一の救命センター〕の機能停止

　機能不全の原因は、断水と屋上の水槽の損壊、自家発電装置の破綻、診療機能の崩壊と続く一連のものであり、建築時の判断に問題がある。一部建築規準の甘さがあった（屋上の水槽の建築規準）。

（2）放射能災害

　過去2回の世界的原発に絡む大きな事故があった。第1は、1978年の米国ペンシルバニア州におけるThree mile island の溶融事故である。冷却水不足による炉心部分の溶解（メルトダウン）、蒸気発生器の給水停止、原子炉の圧力上昇かつ逃がし弁の開放、冷却水漏れ、原子炉の空焚き、溶融・崩壊が起きた。人的災害といわれる理由は、設計ミスと不用意な操作に原因があり、その前に、原発経営会社（GPU）の経営悪化による建設費22％切り詰めによる「安上がり策」「手抜き」「二重・三重の安全装置があるから、大事故は起こらない」との思い込みによるものであった、といわれている。

第2は1986年4月26日のチェルノブイリ最新型原子炉の暴走事件で、設計ミスに加えて、緊急原子炉冷却装置が作動しなかったもので、地球の北半球に広く放射能汚染が行われたものといわれる。900万人以上の人が被災し、40万人以上が移住を余儀なくされたといわれ、小児甲状腺がんの発生が8年間に80倍に増加したといわれる。半減期30年といわれるセシウム137を含む。

（3）災害に関わる安全性と経済性
　日本の科学技術レベルと災害防止能力は高く、今後、目先の経済性に走ることなく真剣に安全性を追求すれば、今回のレベルの事故であれば、避けることができる。7年の旅に出し回収した"はやぶさ"の科学技術は高く評価される。

（4）災害の多様性と意外性
　阪神・淡路大震災のあと暫くして、米国連邦緊急事態管理局（FEMA）のメンバーが主となって、東京と神戸で、それぞれ2日間の教育講演会が開かれた。米国は1994年1月17日（阪神・淡路大震災の前年、同月同日）マグニチュード6.8、北米大陸の都市部を除く場所における史上最大の地震を経験したが、そのときのFEMAの対応は素早く、災害発生後数分間で現地対策本部を立ち上げ、必要に応じて、現金を支給するなど、迅速に移動病院を設営し、無駄の無い動きで、被害を死者33人にとどめた実績があった。
　同じFEMAが2005年8月29日、ルイジアナ州、ニューオーリンズを襲ったハリケーン・カタリナで対応が遅れ、多くの犠牲者を出してFEMA長官が更迭された。
　このことを組織の問題と捉えると同時に、災害の意外性も指摘されるべきと考える。災害は意外な場所に意外な大きさで襲いかかり、意外な展開を見せるものだと考えるべきで、災害は［忘れた頃に］やって来て、やって来た時は、人びとは前のことは忘れていることが常なのではなかろうか。こうしたことからも、マニュアルと訓練とコーデイネーターの育成が必要となる。

　今回の事故の最大のものは、それだけで巨大な自然災害を、より一層対応困難な複合災害とした、原発放射線漏れ事故であるが、チェルノブイリに続く、人類

第9章　阪神・淡路大震災の教訓　117

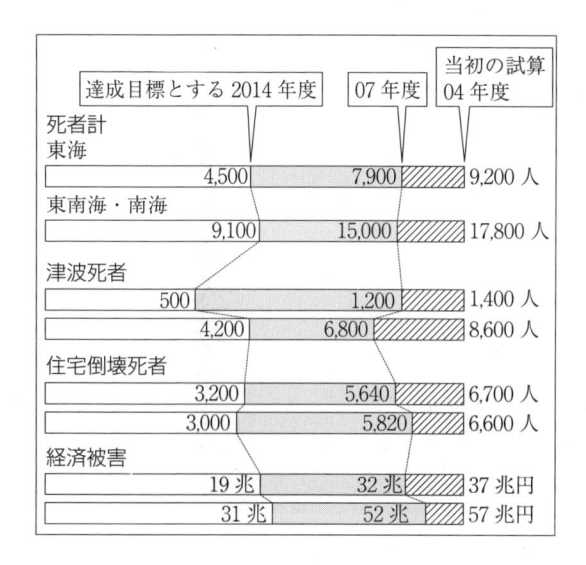

	達成目標とする2014年度	07年度	当初の試算 04年度
死者計 東海	4,500	7,900	9,200人
東南海・南海	9,100	15,000	17,800人
津波死者	500	1,200	1,400人
	4,200	6,800	8,600人
住宅倒壊死者	3,200	5,640	6,700人
	3,000	5,820	6,600人
経済被害	19兆	32兆	37兆円
	31兆	52兆	57兆円

図9-1　日本列島を襲う次の大震災と考えられた東・南海大地震の被害予想
(2009.4月、国の中央防災会議試算)。現実に起こった東日本大震災（2011.3.11、マグニチュード9と原子力発電所炉心溶融による放射能汚染）との差は大きい。

が経験する3度目の事故——第3のスリーマイル島災害と位置づけることができる。人類はさらに第4回を体験しなければならないのだろうか。

　震災の多様性は反省・防災の範囲には収まらないもので、防災の最終の内容は（本来人の持つ）危険を察知する能力と柔軟な思考であり、補助手段は、基本をしっかりと点検しておくことではないか。倫理観を伴った真の知恵を信じたい。

【参考資料】
1) 神戸新聞社「阪神大震災報道記録」1995.1.17～2.17。
2) 神戸市消防局「阪神・淡路大震災（神戸市域）における消防活動の記録」1997.3月。
3) 神戸市立神戸中央市民病院「大震災を体験した市民病院からの報告（PART 1&2)」1975.7月、1980.7月。
4) WHO KOBE JAPAN　Earthquakes and People's Hearth 27-30, 1997.
5) 立道清『そのとき医師たちに何が出来たか、大震災直後の医療現場』清文社、1996年。

第10章 多文化共生都市神戸
——外国人への医療から——

　神戸にはさまざまな国籍の人びとが在住し、中国など海外からの旅行者も増えている。この多文化共生社会において、海外の方が病気などで最も困られた時に十分に手をさしのべられて初めて国際都市とよべるであろう。本章では、まず日本における多文化共生と外国人への医療を概観する。次に神戸における多文化共生の現状を述べ、外国人への医療について、定住外国人の患者に対する医療サポート体制と外国からの患者の受け入れ（メディカルツーリズム）を解説する。最後に神戸在住で受診経験を持つ11カ国の人へのインタビューを紹介し、神戸における医療の長所と問題点を探る。

1．日本における多文化共生と外国人への医療

（1）外国人数（定住者・旅行者）

　法務省登録外国人統計表によれば、2010年の外国人登録者213万4,151人のうち、中国人が一番多く68万7,156人、韓国・朝鮮人（56万5,989人）が続く。2000年は168万6,444人であったので、10年前に比べて約1.3倍になっている。

　一方、日本政府観光局（JNTO）によれば2010年の訪日外客数は861万1,300人で、一番多いのが韓国243万9,800人、中国（141万3,000人）、台湾（126万8,300人）がそれに続く。2000年は476万人であったので、10年前に比べて約1.8倍になっている。

（2）定住外国人の患者に関する国の取組み

　外国人の病気やけがの対応として主に定住外国人に対する国としてのものは「多文化共生推進プログラム」がある。

　総務省は2006年3月に、増加する外国人を支援するため「多文化共生推進プログラム」を発表した。当プログラムにおいて支援の形として4点あげている。①コミュニケーション支援、②生活支援、③多文化共生の地域づくり、④多文化共生施策の推進体制の整備の4点であるが、②生活支援のなかに、「居住」「教育」「労働環境」「防災」と共に「医療・保健・福祉」があげられている。

　そして、総務省自治行政局国際室長より各都道府県・指定都市外国人住民施策担当部局長に2006年3月27日に文書「地域における多文化共生推進プランについて」が送付されたが、このなかで「医療・保健・福祉」の部分は以下のとおりである。

ア．外国語対応可能な病院・薬局に関する情報提供
　　地域に外国語対応が可能な病院や薬局がある場合には、広報誌等において外国人住民への積極的な情報提供を行うこと。
イ．医療問診票の多様な言語による表記
　　診療時の医療問診票等を多言語表記とし、外国人住民が診療時に安心して医療を受診できるようにすること。
ウ．広域的な医療通訳者派遣システムの構築
　　広域的な医療通訳者派遣システムを構築し、外国人住民にかかわる医療通訳者のニーズと、広域に存在する医療通訳者にかかわる人的資源の効果的なマッチングを図ること。
エ．健康診断や健康相談の実施
　　外国人が多数居住する地域の健康診断や健康相談の実施に際して、医療通訳者等を配置することとし、開催にあたっては多様な言語による広報を行うこと。
オ．母子保健および保育における対応
　　多様な言語による母子手帳の交付や助産制度の紹介、両親学級の開催などを行うとともに、多様な言語による情報提供や保育での多文化対応を通して、保育を必要とする世帯への支援策を講じること。
カ．高齢者・障害者への対応
　　介護制度の紹介やケアプラン作成時の通訳者派遣など、多様な言語による対応や文化的な配慮が求められる場合があることから、その対応方策を検討すること。

（3）外国からの患者の受け入れ

次に定住者ではなく、海外からの患者の受け入れについては、2010年6月「新成長戦略」において、アジアの富裕層などを対象とした健診、治療などの医療および関連サービスを観光とも連携して促進していくとの国家戦略が掲げられ、その実現のための施策の1つとして「医療滞在ビザ」を創設することが閣議決定された。これを踏まえ、外務省は2011年1月からわが国の在外公館において、「医療滞在ビザ」の運用を開始した。

これまでも治療目的で来日する外国人は「短期滞在ビザ」で入国して治療を受けることが可能であったが、この「医療滞在ビザ」は、人道的観点も踏まえ、治療などで来日を希望する外国人にとって一層利用しやすいものとなっている。

具体的には、高度医療から人間ドックまで各種医療サービスなどを受けることを目的として、必要に応じ家族や付添も同伴して最大6カ月間続けて日本に滞在できるようになり、特に1回の滞在期間が90日間以内の場合は、必要に応じ最大3年の有効期間内であれば何回でも来日できるようになった。

治療、診断目的で外国へ行く「メディカルツーリズム」は、すでに世界で少なくとも28カ国で行われ、年間100万人以上の患者が、国外でさまざまな検査・診療を受けている。日本は世界から大きく遅れていたが、ようやく「医療滞在ビザ」創設により世界の仲間入りをするスタート地点に立った。

すでに「メディカルツーリズム」に着手している数少ない医療機関の1つは亀田メディカルセンター（亀田総合病院、亀田クリニック）である。2009年、同センターは国内の医療機関で初めてJCI（Joint Commission International、国際病院評価機構）認証を取得した。JCI認証は外国人患者を積極的に受け入れようとアジア諸国の先駆的な病院が相次いで取得しており、亀田メディカルセンターは、今後ますます「メディカルツーリズム」を推し進める意向である。

2. 神戸における多文化共生と外国人への医療

（1）外国人数（定住者・旅行者）

1）神戸市の外国人登録者

神戸市における人口に対する外国人登録者数の割合は全国の1.67%を1%以上う

表10-1 人口に対する外国人登録者の割合（2010年12月末） （単位：人）

	人口	外国人登録者数	人口に対する外国人登録者の割合
全国	128,050,903	2,134,151	1.67%
神戸市	1,544,823	44,312	2.87%

表10-2 神戸市外国人登録人員数（2010年12月末） （単位：人）

韓国・朝鮮	20,570	インドネシア	262
中国	14,349	カナダ	223
ベトナム	1,449	オーストラリア	219
米国	1,319	ペルー	201
インド	1,072	ネパール	200
フィリピン	1,056	ドイツ	166
ブラジル	562	フランス	171
英国	379	その他（ロシア、パキスタン、ニュージーランド、マレーシアなど）	1,808
タイ	306		

わ回り2.87%である（表10-1）。外国人登録者の国別内訳は、韓国・朝鮮が一番多く、中国、ベトナムが続く（表10-2）。

2）外国人旅行者

神戸市への外国人旅行者の実数は不明であるが、兵庫県への訪問外国人旅行者数は、2001年以降毎年増加し、2007年には73万4,000人まで伸びた。2008年以降には世界経済の減速や円高などの要因で減少となったものの、2010年度全国10位である（表10-3）。

表10-3 兵庫県への外国人旅行者数 （単位：千人）

年度	1993	1994	1995	1996	1997	1998	1999	2000	2001
実績値	231.9	183.8	157.2	199.5	206.7	230	271	266	262
年度	2002	2003	2004	2005	2006	2007	2008	2009	2010
実績値	304	370	381	464	543	734	676	536	654

（2）定住外国人の患者に関する神戸の取組み

1）阪神・淡路大震災時の外国人の状況

1995年の大震災で、兵庫県内で死亡した外国人は199名で、県内の震災による死亡者の3.1%であった。当時の外国人登録者は県民の1.8%であったので、日本人死亡者に比べて割合が高い。生き延びた人びとも日本語以外の情報がほとんど存在せず、救援物資、医療、弔慰金などで混乱を極め、日本人以上に精神的に極限状態に追いやられた。言葉の問題などがあり、特に災害時に外国人は弱者である。

2）神戸市在住の外国人に対する医療サポート体制

大震災後、外国人をサポートする動きが見られ、現在、下記の団体が神戸市在住外国人の医療をサポートしている。

① 兵庫県国際交流協会外国人県民インフォーメーションセンター
（神戸市中央区東川崎町1丁目1-3）

外国人が安心して過ごせるよう、暮らしの中で困ったことや知りたいことのアドバイスや情報の提供を行うため、相談員が日本語・英語・中国語・スペイン語・ポルトガル語による生活相談を行っている。2009年度の相談件数は2,796件で「医療」に関する相談は326件（11.2%）であった。

② 特定非営利活動法人AMDA国際医療情報センター
（大阪市港区大阪築港郵便局留）

在日外国人に母国語による医療情報を電話にて提供するとともに、外国人患者受け入れに悩む日本の医療機関に外国人の医療に関する情報を提供し、スムーズな受け入れを支援している。東京と関西にセンターを設けているが、2009年度年間相談件数は、センター関西が786件であり、国籍別ではアメリカ、ペルー、中国の順に多く、相談内容は圧倒的に「言葉の通じる病院紹介」が多い（図10-1、10-2、10-3）。

③ 特定非営利活動法人多言語センターファシル
（神戸市長田区海運町3-3-8）

英語、中国語、韓国語、ベトナム語など30以上の外国語による多文化事業を神戸、大阪を中心に展開している。医療に関しては、1年ごとの助成金を得ることで、モデル的に医療通訳者を病院へ派遣するという活動「兵庫県内の医療

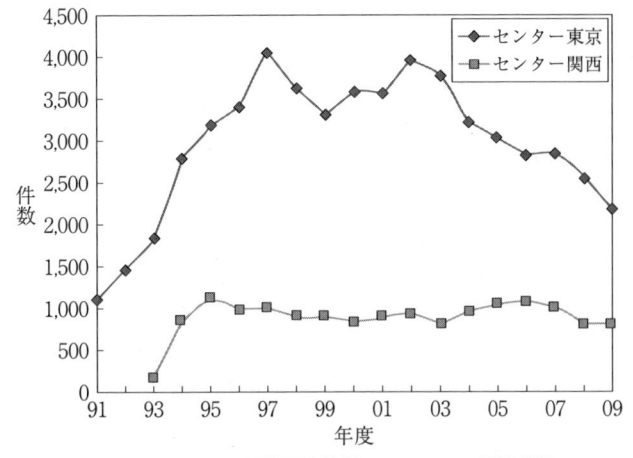

第10章　多文化共生都市神戸—外国人への医療から—　123

図10-1　AMDA 国際医療情報センターへの相談件数

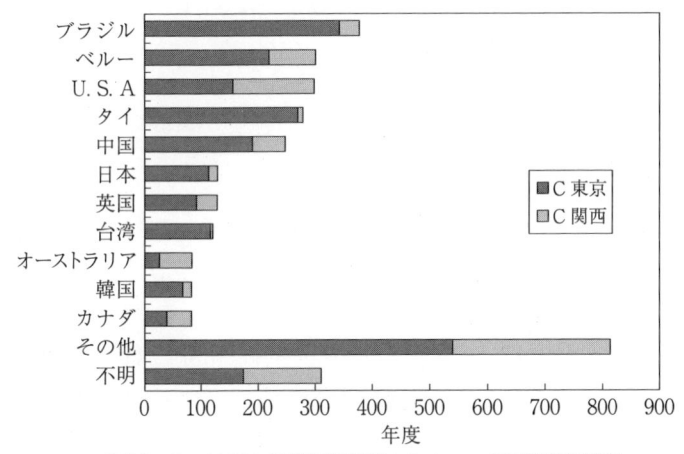

図10-2　AMDA 国際医療情報センターへの国籍別相談者

通訳システム構築モデル事業」(協力病院：神戸市立医療センター中央市民病院、神戸市立医療センター西市民病院、神戸協同病院、西神戸医療センター)をしている。1年間の医療通訳件数は約100件である。

④　特定非営利活動法人神戸定住外国人支援センター
　　(神戸市長田区若松町4-4-10)
　　定住外国人の自立・自活を支援している。多言語による生活相談・日本語学

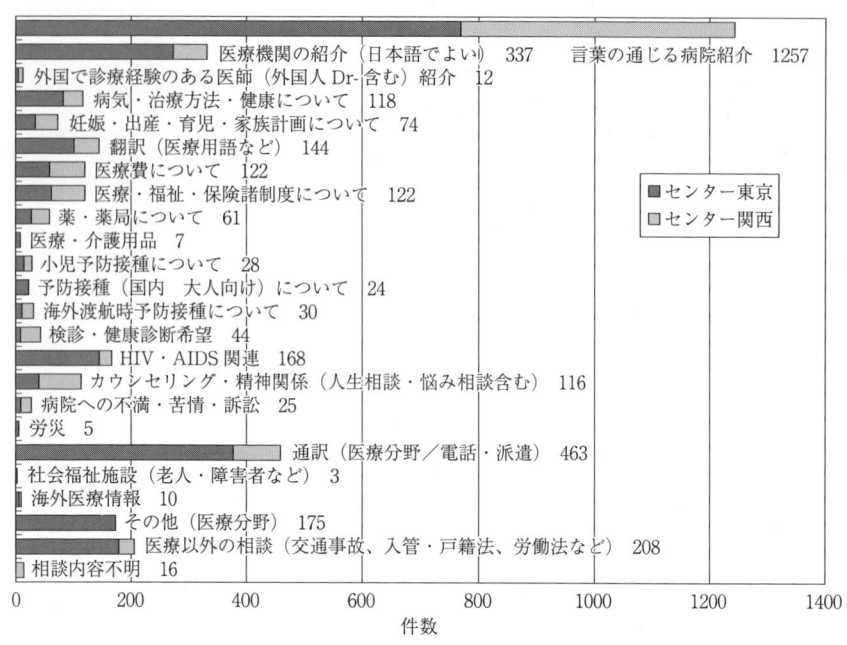

図10-3 AMDA 国際医療情報センターへの相談内容

医療機関の紹介（日本語でよい）337　言葉の通じる病院紹介　1257
外国で診療経験のある医師（外国人Dr-含む）紹介　12
病気・治療方法・健康について　118
妊娠・出産・育児・家族計画について　74
翻訳（医療用語など）144
医療費について　122
医療・福祉・保険諸制度について　122
薬・薬局について　61
医療・介護用品　7
小児予防接種について　28
予防接種（国内 大人向け）について　24
海外渡航時予防接種について　30
検診・健康診断希望　44
HIV・AIDS関連　168
カウンセリング・精神関係（人生相談・悩み相談含む）116
病院への不満・苦情・訴訟　25
労災　5
通訳（医療分野／電話・派遣）463
社会福祉施設（老人・障害者など）3
海外医療情報　10
その他（医療分野）175
医療以外の相談（交通事故、入管・戸籍法、労働法など）208
相談内容不明　16

凡例：センター東京／センター関西

習サポート・定住外国人問題の調査・研究活動を行っている。これらの活動に対して「ボランティア・スクエア2001」国際年奨励賞、神戸新聞社会賞などの賞も受賞している。しかし、当センターへは、医療に関しての相談は少なく、相談件数全体の1割にも満たない（在留資格、労働といった相談が多い）。

⑤　多文化共生センターひょうご（神戸市東灘区深江南町4丁目12-20-201）

生活全般について直接支援や啓発などの活動を行っている。健康に関しては、ポルトガル語、スペイン語、英語、日本語で健康相談を行うとともに、翻訳（医療機関紹介状、診断書、問診票、各種届出、医事関連論文）・通訳（医療機関（同行、電話）・地域保健事業（健診、予防接種など）を行っている。

（3）外国からの患者の受け入れ

上記のように国家戦略としてようやくメディカルツーリズムが本格始動するが、神戸市ではメディカルツーリズムも視野に入れた「神戸医療産業都市構想」の検討を1998年から始めている。本構想は「市民の健康・福祉の向上」「神戸経済の

活性化」「国際社会への貢献」を目標とし、ポートアイランドにおいて先端医療技術の研究開発拠点を整備し、産学官連携により21世紀の成長産業である医療関連産業の集積を図るものである。11の中核施設をはじめ、200以上の医療関連企業が進出し、ライフサイエンス分野のクラスター（集積拠点）として整備が進められている。

　メディカルツーリズムを本格始動させるために、神戸市議会は海外視察調査団を2009年1月25日から2月1日まで派遣した。10名の議員がアブダビ、ドバイ、シンガポールを訪問し、アブダビでは、医療事情、重篤患者に対する支援策などを、ドバイではジュベル・アリ・フリーゾーンやジェトロ事務所を訪問して、世界的企業の進出状況を、シンガポールでは国立及び民間の病院で海外からの患者の受け入れ状況や医療観光連携方策などを調査研究した。

1）神戸国際フロンティアメディカルセンター
　　（KIFMEC：Kobe International Frontier Medical Center）
　神戸市議会調査研究をふまえて、神戸市におけるメディカルツーリズムが推進されるが、メディカルツーリズムの拠点として「神戸国際フロンティアメディカルセンター」が2012年春に開業する。同センターは生体肝移植の世界的権威で知られる田中紘一京都大学名誉教授が中心となり、建設を計画している民間病院であり、神戸ポートアイランドに開業予定の最先端医療機関である。世界に向けての最先端の医療（移植・再生医療・消化器疾患医療）の拠点となる。高度医療機関であり、外国人研修医の拠点も設ける。医師・研修医100人、看護師150人、ベッド数200床の規模での開業を予定している。

　理事長予定者田中氏は次のように述べている。「日本の優れた医療を前面に打ち出さないと海外に通用しない、アピールできないという結論に達した。例えて言うならば、六甲山ではなく、富士山にしないと、海外から見えない。このため、高度な移植医療（生体肝移植、膵臓・膵島移植、小腸移植）、神戸大学が得意とする内視鏡治療、京大・大阪医大が開発している鏡視下手術（消化器内科・外科）、新たな免疫療法の開発による再生医療への応用を行うこととした」。

　なお、田中氏は当センターの母体となる財団（公益財団法人神戸国際医療交流財団）を2009年1月に設立し、理事長を務めている。当財団の目的は、次の2点

である。①兵庫県における国際医療交流拠点の形成と発展のため、国内外の医療機関と連携を図り、医療に関する事業を行うことにより、健全で豊かな地域社会をはぐくみ、県民の健康で文化的な生活に寄与すること。②医療分野における国際相互理解の促進、人材育成、学術研究及び技術開発の振興に関する事業を行うことにより、健全で豊かな地域社会をはぐくみ、県民の健康で文化的な生活に寄与すること。

事業として、①医療分野における国際交流、②医療分野における人材育成、③医療技術及び医療機器に関する研究開発、④医療に関する調査研究、情報収集及び普及啓発を行っている。

2）兵庫県立粒子線医療センター（Hyogo Ion Beam Medical Center）

さらに、兵庫県たつの市の「兵庫県立粒子線医療センター」もメディカルツーリズムを担う有力候補である。当センターは2001年に陽子線と炭素線の2種類の粒子線治療が行える世界唯一の施設として開設され、これまで3,200名を超える患者の治療を実施している。粒子線治療は体内にできた腫瘍の場所で粒子線を止めて高線量投与ができ、同じ線量を照射しても従来の放射線よりがんの殺傷能力が高いという特長があり、その特長を上手く利用することで、頭頸部、肺、肝、前立腺、骨軟部などの臓器から発生した腫瘍を副作用を最小限に抑えながら治すことができる。世界に向けて新しい粒子線治療の情報発信地である。

（4）神戸における外国人医療の問題点

筆者は、神戸在住の外国人（国籍：アメリカ、アルゼンチン、ウクライナ、タイ、ベトナム、モンゴル、ルーマニア、ブラジル、韓国、パラオ、マダガスカル）で神戸の医療施設で受診経験のある人にインタビューを行い、本国と神戸の医療を比較してもらった。それぞれの国の医療のレベル・文化などさまざまであり、神戸の医療に関しての意見も多岐にわたったが、意見の共通項を見ると神戸の医療の長所・問題点が浮かび上がる。

1）外国人から見た神戸の医療の長所
① 高レベルの医療：日本は医療レベルが高い。神戸の病院の医師のレベルも

高い。
② 高度医療機器：MRIなどが整備されている。
③ 健康保険：皆が平等に医療を受けられる。
④ 看護師：優しく、本国では経験したことのないきめ細やかなケアを提供している。

上記4点はすべての人があげた長所である。その他に、予約制度、医療機関のネットワークを評価し、出産を経験した人は、マッサージ、エステに感謝していた。

2）外国人から見た神戸の医療の問題点

神戸の医療の問題点は、神戸に特有ということではなく、日本医療の問題点であるが、ことば、医療費、医療文化の3点に集約される。

① ことば

ことばの問題は深刻で、十分に病状が伝わらない、説明が理解できないと適切な診療ができない。ことばの問題はすべての人が程度の差はあれ不自由を感じていた。

この点に関して、神戸の中核病院を中心に努力はなされている。神戸市立医療センター中央市民病院では病院玄関に英語で対応できる職員を配属し、外来患者および必要な場合は入院患者を支援する。また中国語は事務局職員が必要時に対応する。表示は全て4言語対応（日英韓中）である。

神戸大学医学部付属病院では、総合内科・国際診療部（International Patient Center）を設け受付で英語での対応が可能である。また、中国語・ベトナム語が必要な場合は留学している医師が助けている。

また、「兵庫県医療機関情報システム」（http://web.qq.pref.hyogo.lg.jp/hyogo/ap/qq/men/pwtpmenult01.aspx）で外国語（16ケ国語）対応できる医療機関を検索することができる。しかし、神戸全体では、まだ外国語対応ができない医療施設も存在していて、改善が必要である。

② 医療費

それぞれの母国の医療費と比べて神戸の医療費は「高い」「安い」両方の声はあるが、MRIなどの検査料や、健康保険料は多くの人が高いと感じている。

なおインタビューした人は在留資格のある人たちである。日本に在留資格があり、外国人登録を行い在留が１年以上見込まれる人は、国民健康保険の加入資格がある。また、外国人登録をしていると次のような医療・福祉制度が利用できる：結核予防法、児童福祉法第22条（入院助産）、無料予防接種、自治体主催の検診、母子手帳交付、特定疾患の医療費助成、精神保健法措置入院、養育医療。なお、在留資格がなくても仕事があり、雇用している会社が許可すれば社会保険に加入することが可能である。

　したがって、医療費で困るのは、在留資格も仕事もない場合である。このような場合の救済措置として、行旅病人及行旅死亡人取扱法（明治32年３月28日法律第93号 効力 現行法）があり、行旅人や病気や死亡した場合の取り扱いを規定していて、所在地の市町村が担当することになっている。「入院・定住所および定職なし、救護者なし」の３要件を満たす可能性の高いケースが出た場合は、積極的に当法を活用する。神戸市でも、予算措置をしている（行旅病人及行旅死亡人取扱法施行細則　昭和63年３月31日　規則第89号　第８条）。

　また、兵庫県は、「兵庫県未払補填事業」（平成６年度以降）という病院の回収努力によっても回収不能と認められた額について補填する制度を設けている。この制度はいくつかの自治体で行われているが、関東近県に集中し、関西では兵庫県のみである。

　このように兵庫県・神戸市では、保険のない外国人にも医療が受けられる受け皿のための対策をたてている。

③　文化

　医療技術のレベルの高さを評価する一方で、説明不足の医師、診察の際コンピュータを見て患者に向き合わない医師、長い待ち時間と短い診察時間に対して大半の人が不満を漏らしていた。「説明不足」に関しては、日本の家父長の歴史を引き継ぐ'medical paternalism'（医療父権主義。情報を提供して患者が自己決定するのではなく、医師が治療方針などを判断・決定するという考え方）が背景にあると考えられる。このような医師の姿勢は日本の文化が生み出したもので、日本人社会には受け入れられ日本の風土に合っていた。しかし、海外から見ると十分に理解されず、医療技術が高いにもかかわらず不親切であ

ると見なされるのは非常に残念である。

「患者に向き合わない医師」は、医学が非常に専門的になり、専門家として日本の医師はレベルの高さを誇れるが、臓器を診て患者さんを1人の人間として心も含めて全体として診ない医師の存在、家庭医の不足が背景にあるであろう。超高齢化を迎える日本が解決しなければならない課題である。

「長い待ち時間と短い診察時間」は医師不足のため1人の患者さんに十分な時間がかけられないのが現状であり、早急に解決しなければならない問題である。

他に指摘された問題点は、時代遅れの医師、女医の少なさ、陣痛時に救急車が使えないこと、看護師が病気について説明できないなどの点であった。

これらの問題点は、健康保険組合連合会が2007年に全国の2,000人を対象に実施したアンケート結果にも表れている。医療への満足度について「不満」を持つとの回答が5割近くあり、「医療機関への要望がある」との回答は8割に迫る。「待ち時間を短く」「病気の状態や治療法の説明」「夜間・休日の救急時の診察」が要望の上位になった。すなわち日本独自の医療文化に対する不満を、多くの日本人も訴えているのである。

おわりに

神戸には世界に誇れる高い医療技術があり、高度医療機器も備わり、医療サポート体制も改善されてきている。この環境を世界にアピールしメディカルツーリズムを十分議論を尽くしたうえで推進することは、神戸を活性化するうえで非常に重要なことである。一方、日本独自の医療文化の良さは維持しながらも、医療におけるグローバルスタンダードを知ることによる医療人の意識改革も必要であり、大学医療系学部においても医療技術の習得に終わるのではなくグローバルな視点を養う教育を強化する必要があると考える。世界の人が満足する医療を行えて初めて真の「国際都市神戸」になれるのであろう。

【参考文献】

KOBE外国人支援ネットワーク編『在日外国人の医療事情』神戸定住外国人支援センター、2003年。

ジョセフ・ウッドマン『メディカルツーリズム』医薬経済社、2008年。

真野俊樹『グローバル化する医療』岩波書店、2009年。

【参考インターネットサイト】

法務省ホームページ　Retrieved Sept. 15, 2011. from　http://www.moj.go.jp/housei/toukei/toukei_ichiran_touroku.html

日本政府観光局（JNTO）ホームページ
　Retrieved Mar. 18, 2011. from　http://www.jnto.go.jp/ jpn/downloads/2010_total.pdf

総務省統計局・政策統括官・統計研修所ホームページ
　Retrieved Sept. 15, 2011. from http://www.stat.go.jp/data/jinsui/2.htm#02

外務省ホームページ　Retrieved Mar. 19, 2011. from　http://www.mofa.go.jp/mofaj/press/release/22/12/1217_05.html

兵庫県ホームページ
　Retrieved Mar. 19, 2011. from　http://web.pref.hyogo.lg.jp/contents/ 000174815.pdf
　http://web.pref.hyogo.lg.jp/ac06/ac06_000000492.html#h02

公益財団法人兵庫県国際交流協会ホームページ
　Retrieved Sept. 15, 2011. from
　http://www.hyogo-ip.or.jp/support/modtreepage01_6121/

特定非営利活動法人AMDA 国際医療情報センターホームページ　Retrieved Mar. 19, 2011.
　from http://amda-imic.com/modules/jisseki/index.php?content_id=8

特定非営利活動法人多言語センターファシルホームページ
　Retrieved Mar. 19, 2011. from　http://www.tcc117.org/facil/index.html

特定非営利活動法人神戸定住外国人支援センターホームページ
　Retrieved Mar. 19, 2011. from　http://www.social-b.net/kfc/aboutus.htm

多文化共生センターひょうごホームページ
　Retrieved Mar. 19, 2011. from　http://www. tabunka.jp/hyogo/

神戸市ホームページ Retrieved Mar. 19, 2011. from　http://www.city.kobe.lg.jp/information/municipal/shisatsu/20_02_index.html

ひょうご経済研究所ホームページ
　Retrieved Mar. 19, 2011. from
　http://www.heri.or.jp/hyokei/hyokei100/100medical.htm

公益財団法人神戸国際医療交流財団ホームページ
　Retrieved Mar. 19, 2011, from http:// kobeima.org/index.html

兵庫県立粒子線医療センターホームページ
　Retrieved Mar. 19, 2011, from http://www.hibmc. shingu.hyogo.jp/greeting.html

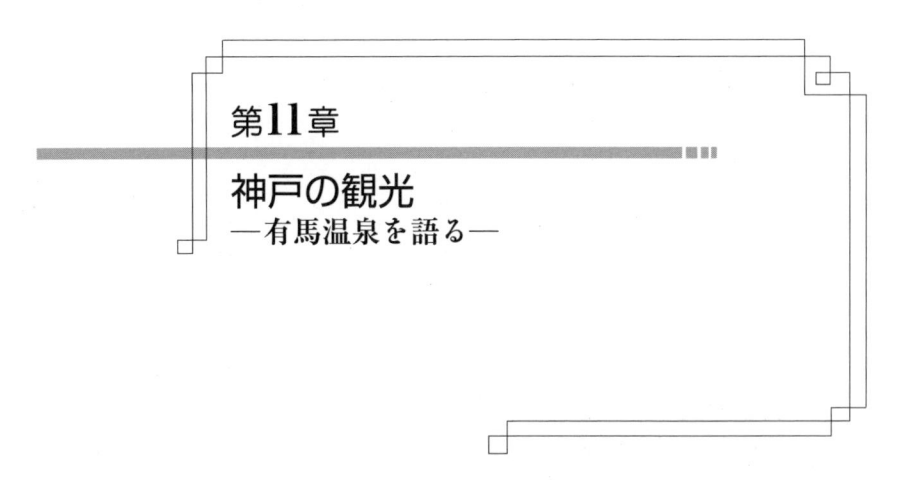

第11章
神戸の観光
―有馬温泉を語る―

1．有馬温泉の概要

（1）有馬温泉

有馬温泉は神戸市北区、六甲山頂から北側の紅葉谷の麓の山峡にある、一辺が約1kmの三角形の温泉街。有馬はもともと「有間」と書き、山と山との間という意味で、その通り周囲を山に囲まれた温泉地である。日本三古泉、日本三名湯と称されて文人墨客など、歴史上の人物がたくさん訪れている。温泉街は標高350〜500mに位置しており、かなりの急斜面にあって、街中を通る道も細い。大きな旅館やホテルは温泉街の周辺や少し離れた山麓、山中にある。公的な外湯として「金の湯」「銀の湯」があり、有馬温泉では「御所坊」などと「坊」名のつく宿が多い。これは鎌倉期、仁西上人が温泉寺を建立し薬師如来を祭って、その守護神十二神将になぞらえ、十二の宿坊を建てたことに由来している。現在の旅館の一部は、この伝統的な名称を継承している。

（2）神戸・六甲山・有馬

神戸は港の海抜0m地点から車でわずか30分移動すれば、背後にそびえる海抜932mの六甲山の山頂に移動できる。このように海と山が迫っている大都市は世界的に珍しい。神戸港は水深が急に深くなり大型船が接岸できることから天然の

写真11-1　有馬温泉の全景

良港として栄えてきた。このような地形ができたのは50万年前の地殻変動で六甲山が隆起し、逆に大阪湾が陥没したことによる。

　1868年神戸港が開港した頃、六甲山は禿山だった。そこの居留地に住む外国人達が植樹を行った。山頂に別荘を建て、ゴルフ場を開き、池ではアイススケートを楽しんだ。外国人達がスポーツとして登山をおこなったため、六甲山は日本における近代登山の発祥の地といわれている。阪神間にスポーツメーカーが多いのは、そのことと無縁ではない。

　神戸から西宮にかけては灘五郷と呼ばれ、日本酒の醸造場が多い。これらの醸造場では「宮水」とよばれる水が酒造りに欠かせない。宮水は六甲山の花崗岩の間を通り抜けた水に、海水や夙川の伏流水が混ざって湧きでる水である。もう一つ「神戸ウォーター」とよばれる水は、船に積み、赤道を越えても腐らない不思議な水と言われていた。いずれも六甲山に関係があり、有馬の温泉とも関係がある。

　有馬温泉は六甲山の北側の中腹に位置し、有馬には金泉とよばれる塩分と鉄分を多量に含んだ高温の温泉と、銀泉とよばれる炭酸泉・ラジウム泉が湧いている。金泉は炭酸カルシウムを多く含んでいて、宮水の成分に影響を与えていると考えられる。炭酸泉は明治初期、くぼみに落ちた鳥や昆虫が死ぬことから「毒水」とよばれ人々が恐れて近付かなかった。しかし1875年オランダ人のドワルスにより、科学的な分析試験を行い、飲用と浴用に適した炭酸水だと証明された。

TANSANとよばれるウィルキンソンの最初の工場は有馬にあり、瓶詰めされた炭酸水は明治後期、海外に輸出された。まさに有馬は日本のサイダーの発祥の地。現在復刻された有馬サイダーは、かの頃のように今も人気を博している。また炭酸水を使用した炭酸煎餅は、有馬を代表する土産物になっている。

　ラジウムやラドンは水を美味しくする効果と殺菌作用がある。ゆえに神戸ウォーターは殺菌された腐りにくい水である。六甲山と同じような地質を持つのがスリランカのコロンボ。神戸で積んだ水を、コロンボで積み替えて航海を続けたという。有馬の泉源付近はラジウムやラドンの量が通常の場所の20倍あるという。病気が治る可能性がないとは言えない。昔の人はそれが感覚的にわかっていて湯治に有馬を選んだのかもしれない。

　このように花崗岩でできている六甲山と有馬の温泉は、神戸の街の産業に関係が深い。また有馬の温泉の湧出には断層の存在が不可欠であり、有馬の歴史を振り返ってみると地震と密接な関係がある。

2．有馬の歴史と地震

　有馬温泉は、400年周期で起こる地震と復興の繰り返しの歴史といえる。奈良時代に書かれた日本の一番古い書物類の中の『風土記』『日本書紀』『万葉集』に有馬温泉は登場する。『攝津風土記』では六甲山北方の山中にある松林の中に塩湯が湧いていると書かれている。一説では蘇我馬子（551〜626年）の時代に見つかったと700年代に書かれている。『日本書紀』に599年5月28日奈良で地震が起こった記述があり、これが日本で最初の地震の被害の記録である。

　舒明天皇が631年9月19日〜12月13日に入湯。2回目は638年から翌年1月まで入湯。そして考徳天皇は647年10月11日から大晦日まで入湯したと記録がある。

　また記録によれば、701年5月12日、丹波で地震が起こっている。行基上人が昆陽寺を建立し農民を助けている時に、「山奥にある有馬の湯が埋まっている。それを復活しなさい」という薬師如来のお告げを受ける。そして復興後724年に温泉寺を建立したというのが、現存の温泉寺の縁起伝説である。その後約350年間有馬温泉は栄える。1024年10月25日から11月8日まで藤原道長も入湯している。道長の子どもで宇治の平等院鳳凰堂をつくった頼通は1042年に有馬に来ている。

白河法皇は1128年に、1176年には後白河法皇と健春門院が来る。平清盛との対立があらわになる前のこと。その頃清盛は1170年代、神戸港の改修工事を行った。有馬温泉の温泉寺には清盛の石塔があるが、不思議なことに清盛が有馬に来たという伝説はない。しかし白河法皇と後白河法皇が有馬に来た間の1163年、心西入道という僧が温泉寺に『法華経』を奉納した記録がある。心西という僧は他の書物に、一切名前が出てこないことや、平家一門は平家の繁栄を祈って厳島神社など多くの神社に経を奉納していることから、清盛が福原の荘園に来て大和田泊の改修を行ったのが1160年代から1170年代なので、心西入道が平清盛だったという説がある。

　1185年7月9日元暦大地震が起こっている。この地震のことは鴨長明の『方丈記』で語られている。壇ノ浦の戦いが同年の4月25日。海の民である平家が突然の海流の変化で源氏に負けてしまう。群発地震による海流の変化によるものかもしれない。この頃に地震が多発していたことを裏付ける1つとして、1184年2月7日に一の谷の戦いが起こるが、義経は京都から丹波、播磨から小野、三木と遠回りをして駆けつける。有馬を通って三木に出れば近道なのに、なぜこのような道を選んだのだろうか？　この時期、有馬は群発地震で土砂崩れを起こし、道が通れなかった…と、考えられる。

　1191年、吉野の修験僧、仁西が熊野権現のお告げを聞き、平家の落人や吉野の木地師を連れて、有馬に来て温泉寺を再建する。行基は日本全体で認知された僧侶だが、仁西は有馬以外ではほとんど知られていない。仁西のことをしきりに書いたのは江戸時代の林羅山らだという。

　1203年、鎌倉初期の最も教養のある人物と言われた藤原定家や西園寺公径が来訪する。鎌倉後期には叡尊がやって来て、221人に対して講話をした記録がある。

　室町時代には1385年、足利3代将軍義満。1517年、足利10代将軍義稙。1564年、足利13代将軍義輝。戦国時代後半には豊臣秀吉が記録上9回来ている。

　1596年9月5日慶長伏見の大地震が起こり、有馬は壊滅的な被害を受ける。秀吉の伏見城の天守閣が崩壊し500人が圧死し、京都市内では4万5,000人が亡くなった。その秀吉が有馬温泉を復興。慶長伏見の大震災で動いた断層面が高槻有馬構造線だということが、1995年の阪神・淡路大震災の調査の際に確定された。

　江戸時代に入り平和な時代になると、人びとは旅をするようになる。兵庫県下

の道端に残っている一番古い道しるべは1650年以降である。

1750年になると旅行ガイドブックが発行され、有馬には多くの人がやって来るようになる。それが有馬千軒といわれた時代。1839年、緒方洪庵夫妻が入浴に来て、弟子の福沢諭吉も来ている。

1868年1月1日、神戸港が開港する。当時、外国人には遊歩区域が定められており行動が制限されていた。有馬はその区域内にあり、神戸や大阪にやって来た外国人達は、風光明媚で夏場の気温が低いため、避暑地や行楽地として、この地を多く訪れた。

1869年5月にはアメリカ大陸横断鉄道が完成し、11月にはスエズ運河が開通する。ヨーロッパからアメリカ大陸を横断し太平洋を渡って日本へ、そして中国から西回りでスエズ運河を通過してヨーロッパという世界一周ツアーが始まる。1872年にはそのツアー一行が横浜に来訪、その後神戸にもやって来るようになる。

有馬で一番古いホテルは清水ホテル。現在の有馬山叢御所別墅の場所にあった。1877年6月4日、神戸三十八番にあった居留地行事局のヘルマン・トロチック行事局長が宿泊した記録がある。またレイ夫人の『世界周遊記』にも登場する。イギリス人の富豪レイ夫妻は10か月半の世界一周旅行の途中、神戸から有馬にやってくる。1882年1月の日記の中で、婦人は「オーストリアのチロルの街に非常に似ていてびっくりした」と記している。昼食をとったのち、竹製品をお土産に購入したと書かれてある。当時、有馬籠などの竹製品は8割から9割が海外に輸出されていたと言われていた。

1895年の文献では清水ホテルの宿泊料金が1円50銭から3円。当時の盛り蕎麦の代金が1銭2厘。大工の日当が54銭。盛り蕎麦を500円とすると宿泊代は12万5,000円。大工の日当を1万8,000円とすると10万円。当時も今も国際的なホテルの価格は同じだ。清水ホテルの他、杉本ホテルや有馬ホテルなど、外国人ホテルを利用したのがキリスト教の宣教師たち。家族ぐるみで有馬で会合や伝道活動をさかんに行った。

1872年、アメリカン・ボードの宣教師ディヴィスは元三田藩士の訪問を受ける。九鬼隆義の意向で遣わされたのだが、元藩士たちはすでに英語を読むことができたそうだ。ディヴィスは新島襄とともに同志社を設立する。このように関西のキリスト系の学校の多くの創始者は有馬に来ている。

1903年、第15回基督教夏季学校が開催され200人以上が参加している。念仏寺と極楽寺が協力するのだが、総本山の知恩院に知られて大変叱られたという話が残っている。1905年6月には日本で最初のバス会社、有馬自働車株式会社が設立されて、有馬三田間を運行する。炭酸水を利用したサイダー事業やバス会社などが始まったのも、外国人宣教師から西洋文明を学んだからだと推察される。

　外国人専用ホテルは、第二次世界大戦を境になくなってしまう。1947年、有馬町は神戸市と合併した。現在の有馬の金泉とよばれる高温泉は、神戸市と協力して、翌年から1955年にかけて掘削開発された結果、天神泉源、御所泉源、妬泉源、有明泉源、極楽泉源から湧き出ることとなる。

　1964年の東京オリンピック。1970年の大阪万博、そして1981年の神戸ポートアイランド博覧会開催という高度成長の時代の流れに乗り、有馬の旅館は鉄筋造りで大型化へ向かった。

　日本各地で起こった旅館の大型化は館内施設の充実を促し、宿泊客を館外に出さないという結果を生み、温泉街の衰退化を招くこととなった。一方、温泉街を活性化させる動きも起こった。有馬でもまちづくりの重要性が論じられ、1987年、有馬町マスタープランを策定し回遊性のあるまちづくりを行うことを決めた。

　1995年1月17日阪神・淡路大震災（兵庫県南部地震）が起こった。大都市直下を震源とする日本で初めての大地震で、震度7の激震を記録した。余震の分布から淡路島北部の江井崎から伊丹市の中心部に至る約50km、深さ約18～15kmの断層面で起こったことがわかった。伊丹から宝塚、有馬の断層面が動き有馬温泉でも大きな被害が生じた。官民一体で復興を行い、マスタープランで論じられたまちの回遊性も少し形が見えてくるようになった。

　震災後宿泊客が減少したため、復興プランの1つとして、「昼食と温泉」という日帰りプランを多くの旅館が販売するようになった。すると旅館での昼食に溢れた人や、昼食の前後の時間を利用して多くの人が温泉街を散策し始めた。その頃、古い旅館を再生し、泊食分離型の新しいスタイルの宿として「ホテル花小宿」が誕生する。これをきっかけに古い建物をリニューアルする動きが、湯本坂という一部の通りを中心に始まった。古い店舗を利用した手焼きの炭酸煎餅店が開店すると、その人だかりを見て、向かいの飲食店が街並みに合わせた改装を行った。こうして、次々に古い街並みがしゃれた佇まいに変わっていった。そして徐々に

景観を見直そうという動きが始まった。その動きは「有馬温泉街並み条例」制定につながった。

また老朽化した神戸市の本温泉を取り壊し、「金の湯」や「銀の湯」の外湯が整備され、ひいては太閤の湯殿館、有馬玩具博物館、有馬切手文化博物館といった文化施設も誕生へと発展していった。その結果、他の温泉地がうらやむほど、有馬の温泉街に活気が戻ってきた。

しかし復興を急ぎ過ぎたために、根本的な問題が置き去りにされてしまった。たとえば、町と人と車の関係。また後述するが有馬の温泉の有効活用。大型会員制ホテルの進出による変化。そうした問題を抱えながら、2010年から30代40代の地域の若者を中心にマスタープランの再検討作業を開始した。

3．有馬の「温泉」について ——湧くはずのない所に湧く温泉——

有馬温泉を考える上で、一番の特徴はもちろん有馬の「温泉」である。世界的な稀有な温泉だ。一言でいえば「湧くはずのない所に、湧くはずのない湯が湧く」有馬の温泉は海水の1.5倍から2倍の塩分濃度があり、ヘリウム3が含まれている。それは、温泉が地下の上部マントルから湧き出ていることを意味する。

第二次世界大戦中、有馬の温泉からリチウムをとりだす研究がされていた。炭

写真11-2　金泉と呼ばれる塩分と鉄分を多く含んだ有馬の温泉

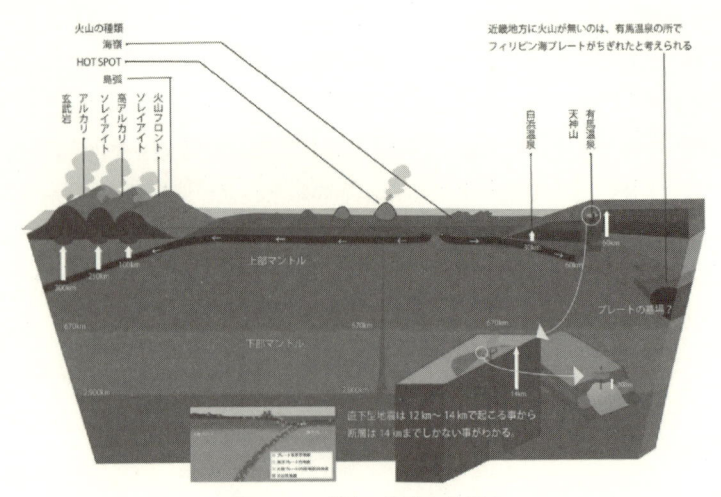

図11-1　温泉の湧出の仕組み

　酸泉公園の近くに「泉の科学」の碑があり、当時の日本を代表する理学者達の名前が彫られている。1年間の湯量で日本が輸入していた総量がまかなえるだろうと言われていた。リチウムは鉄に混ぜ武器弾薬に使われていた。また抗鬱薬でもあるので、有馬の温泉に入るとリラックスできるのも納得がいく。
　このように地下深くの成分が含まれた温泉なのだが、なぜか近畿地方に火山はない。火山がないのにどうして有馬の温泉が出てくるのか。地球の表面は固いプレート（岩石の層）で覆われ、7つの大きなプレートといくつかの小さなプレートに分かれている。プレートには陸のプレートと海のプレートがあり、日本列島は4枚のプレートの衝突部にあって、日本海溝や南海トラフの沈み込み部分で巨大地震が起こっている。また日本列島の下に太平洋プレートが沈み込むために日本列島は世界有数の火山列島にしている。
　火山の種類は3種類ある。ハワイ島に代表されるホットスポットとよばれるタイプ。海嶺とよばれる大洋の底にある海底山脈。そして島弧とよばれる火山のタイプが日本列島だ。地球儀を見てみると日本列島は弓なりになっている。リンゴをナイフで皮をむくとすると切り口はどうなるだろうか。直線でなく弓なりになる。海のプレートが陸のプレートの下に沈み込む時、切り口は弓なりの弧になる。
　2011年3月11日マグニチュード9.0の東北地方太平洋沖地震が起こった。三陸沖

(牡鹿半島の東南東、約130km付近）深さ24kmが震源である。

　東北地方は島弧の典型的な見本だという。東北地方の東側の日本海溝に太平洋プレートが沈み込む。海のプレートが陸のプレートの下に沈み込み、深さが110kmに達した時、プレートからの脱水は、その上部のマントルの融点を下げマントルの一部分を溶かして上昇し、マグマだまりができる。マグマだまりがいっぱいになると、地表に噴出して火山となる。さらにプレートが250kmに達すると、110kmで脱水しなかった別の鉱物から脱水上昇し、マグマだまりとなり火山ができる。同様に300kmでも火山ができる。東北地方は3種類の火山が並んでいるのが良くわかる。太平洋側から北上山地、奥羽山脈、越後山脈と並んでいる。

　ところが近畿地方に火山はない。またかつては火山、休火山、死火山という分類がされていたが、現在では活火山か、否かの二者択一である。

　紀伊半島の南側でフィリピン海プレートが日本列島の下に沈み込んでいるのに、どうして近畿地方に火山がないのか。沈み込んだプレートが60kmの深さの所で、先の方がない。110kmに達していないのでマグマはできない。これは地震の種類と震源でちぎれていると推定される。その60kmの直上の地点がちょうど有馬温泉だという。白浜の温泉は有馬の温泉と同じような温泉だが深さが30km。陸のプレートの厚みが25kmというので白浜の温泉はその境から湧出するのに対して、有馬はもう30km深い。つまり上部マントルの成分を含んでいる量の違いが、有馬と白浜の温泉の違いということになる。

　断層内で起こる地震の観察の結果、断層は深くて14kmである。陸のプレートの厚みは30kmだから、断層の下の陸のプレート16kmは、1つの岩盤の塊になっている。すると上部マントルから有馬の温泉はどうやって断層の所まで上がってくるのかという疑問が湧く。

　シチューやカレーを煮込んでいる時、なべ底から気泡があがってくるように、上部マントルから陸のプレートの岩盤を貫く火成岩の岩脈が他の岩盤よりも密度が低く、この部分がトンネルのように有馬の町下にある断層まで繋がっていると考えられている。60km下の上部マントルは高温と高圧力の世界である。有馬の温泉は特殊な物質を溶かし、液体と気体の両方の性質を持つ超臨界水の状態になって上昇し、この岩脈の周辺を一気に地表まで到達すると考えられている。このトンネルが有馬の中心部に存在している。そのトンネル部分につながる断層か

ら世界的に珍しい温泉が湧き出る。この温泉を「有馬型温泉」という。

　有馬型温泉は、有馬の中心街を取り囲む三角形をした地域にだけに湧出し、そこから離れた有馬周辺に湧き出る、鉄分を含み加熱すると酸化して赤茶色になる鉱泉は、古海水型の温泉で、ここで言うところの稀有な「有馬型温泉」とは全く違う温泉である。今後の重点課題として有馬型温泉の有効活用を図らなければならない。

　この中心の三角地帯でさえ、中心近くは少量で高温泉が湧き、少し離れると温度が若干低くなるが量も少し増えてくる。もう少し離れると温度は低いが量はそこそこ確保できるという状態である。このような温度と量の異なる同じ種類の温泉をうまく混合させ、均質化と量の確保をすべきだと考える。

　先述した他地域から単純に有馬の温泉のような色になるという理由だけで、古海水型の湯を運んできて使用することは、「有馬型温泉」と紛らわしい状態になる為に避けるべきだと考えている。

4．神戸、有馬の観光客の傾向

　兵庫県の観光客の特徴として県内移動が多い。他府県では宿泊客に、「どこから来られたか？」と居住地を聞くと、人口密度に比例した答えが返ってくる。ところが兵庫県と北海道は同じ道県からの来訪者が多い。2009年では近距離（近畿地方）からの観光客が75.9％を占めている。関東地方6.9％、中部地方6.1％、中国地方5.7％となっている。

　このように県内移動が多いということは、滞在日数が少ないということにつながり、兵庫県の観光客の滞在日数は他県に比べて圧倒的に少ない。滞在日数の多い県は沖縄県で平均3.4日。滞在日数が多いと1日当たりの消費額は少なくても総額は多くなる。

　滞在日数を増やすことが兵庫県の観光振興につながる。そして滞在日数を増やすためには、近畿以遠の来訪者を増やす必要がある。滞在日数を増やす策として、宿泊施設に求められているのが泊食分離である。一般的に温泉旅館の料金体系は1泊2食付きの料金設定になっている。これをホテルのように宿泊代と食事代を分けることをいう。泊食分離料金設定にした場合、まず考えられるメリットは多

様化するニーズに応えられる。例えば、宿泊して翌日六甲山に登ろうという場合。ある人は仕事をして会社近辺で夕食をとって有馬にやってくる。ある人は温泉街の飲食店で、またある人は神戸の中華街で夕食をして有馬へと、好みに応じた宿泊スタイルの幅が広がる。

　おおかたの旅館が1泊2食設定を行っているので、施設、サービス、料理の総合点で評価されてしまうことが多いが、バラバラで評価の星をつけた場合、顧客と宿側とのミスマッチが少なくなる。例えば施設やサービスが劣っていても、その地域独特の美味しい名物料理を出す宿があったとする。食事を主体に考える人にとってはよい評価を与えるだろう。そしてその人は郷土料理を目的に日本各地を旅行するかもしれない。反対に年配の方は食事よりも施設やサービスに重点を置くかもしれない。このように国内旅行のミスマッチをなくして、国内旅行全体の活性化につながる。この方法だと、インバウンド推進にも有効だ。私たちにとっては違いのある懐石料理であっても、外国人観光客にとっては、あまり変わっていないように見えるかもしれない。私たちが海外旅行に出た時を思い出せば理解できるだろう。そして温泉街の活性化策としても、旅館だけで食事をするのでなく、街中の飲食店を含め選択肢を増やすことでよい意味での競争が生じ、食のレベルの向上につながり、ひいては地域活性化につながる。現在多くの有馬の旅館では1泊2食設定以外に1泊朝食付き、湯泊り（素泊まり）と泊食分離の設定を行っている。

　2010年現在、台湾、韓国、香港、シンガポールなどのアジアからの観光客が多い。中国人に対してビザが緩和されたが、宿泊単価が低く少ないのが現状だ。インバウンドを推進する上での問題は、生活文化の違いや入浴マナーやトイレの使い方などで日本人客が嫌がることが起こっている。そのような生活文化のギャップを埋める策として、有馬では留学生を招待し、有馬のよさを味わってもらうことを積極的に行っている。そして母国語と日本語とでレポートを書いてもらってインターネットで配信している。その時にさりげなく日本のトイレの使い方や、入浴のマナーなどの注事事項を盛り込んでもらうようにしている。このような外国人の体験の場をアジアだけでなく、世界に広げていこうと考えている。

5．発地型観光、着地型観光

「東京から新幹線で新神戸着。異人館観光と六甲山を越えて有馬温泉の旅」、このような旅のプランは、東京からの顧客の視点に立って作成し、販売するので発地型観光という。今まで大手旅行代理店が販売してきた手法だ。一方、外国のホテルに泊まるとフロントに色々なオプショナルツアーが用意されている。「イルカとサンセットクルーズ」とか「〇〇遺跡と〇〇の旅」というようなパンフレットが置いてある。現地集合、現地解散というツアー。これを着地型観光という。泊食分離を行っただけでは滞在日数は増加しない。滞在期間中に味わうことのできる魅力的なメニューが必要になる。その土地ならではのモノを活かした体験メニューや交流メニュー、学習コースなどを作成することが重要になる。

例えば「宝塚歌劇体験ツアー」や「甲子園球場観戦ツアー」は作ることができる。しかし「立杭焼陶芸体験と篠山観光ツアー」は開催できない。「第三種旅行業」の法令は規制緩和されたけれども、隣接する市町村との交流のみ行える程度で、笹山のように、間に三田市を挟む市との交流が許されないからである。もっと広く周辺地域と連携して魅力的な着地型観光のプランをつくりだすことが、有馬のみならず国内観光振興につながるのではないか考えている。このように有馬という観光ポイントだけで考えるのではなく、周辺地域を巻き込んで誘客する考え方や連携した地域を観光圏という。

6．名物の創造

かつて旅に出かける動機の一番が温泉だった。それが美味しいものを食べに行くことに変わって久しい。最近ではB-1グランプリで決戦に進出したご当地グルメの経済波及効果は60億円といわれ、多くの自治体がご当地グルメの売り込みに力を入れている。そのように美味しいモノが大きな集客要素を持つようになった。有馬も有馬ならではの食の魅力づくりに取り組んでいる。

地産地消という言葉があるが、有馬は地産知商という考え方を産地と共有している。産地で全て消費できなければ、どこか消費地と組むとよい。そのような考え方の基に、松葉カニの産地の浜坂や丹波の黒豆、明石の鯛、神戸ビーフといっ

た兵庫県のA級の食材産地と連携を行っている。有馬の強みは都市に近いので優秀な料理人が集まりやすい。そこで「有馬美食倶楽部」をつくり、料理人同士が切磋琢磨できる環境を整えようとしている。

　料理名には有名な産地が付くことが多い。料理名で有馬と付くと山椒を使った料理を意味する。伊勢以外で獲れても伊勢海老というように有馬で採れなくても有馬山椒という商品名で流通している。そこで本物の有馬の山椒をつくろうというプロジェクトが2009年にスタートした。町内の山椒愛好家の案内で六甲山の山に入り、山椒の穂枝を採取してきた。それを兵庫県農林水産技術センターで接ぎ木をし、育てたものを、2011年3月、湯泉神社と稲荷神社に植樹を行った。この有馬の本物のDNAを持つ山椒を県下で栽培してくれる所を見つけ、2015年頃には本格的に有馬の「有馬山椒」を使った料理や山椒を販売したいと考えている。また有馬には、太閤秀吉がわざわざ大阪城まで取り寄せたという名水「高塚の清水」がある。有馬の水を分析してみると、淀川の分析結果の数値よりも各項目とも一桁単位が少ない。これは日本人好みの非常に柔らかい水だという。震災後、空き店舗対策として起業した「合資会社有馬八助商店」は、有馬サイダーを復興販売し、現在年間25万本から30万本の販売量に達している。有馬の名水を使った事業展開を、観光協会や旅館組合は考えている。その他、各事業所は生ゴミの有機肥料化や温泉を使った料理の展開など、それぞれに工夫を凝らしている。

7．有馬温泉ゆけむり大学

　2009年9月、近畿大学の廣田ゼミの生徒達が有馬にゼミ旅行でやって来た。その時に、有馬のワーストショットとベストショットの発表を行ってもらった。彼らは路地裏に興味を示した。そこで路地裏を魅力的な地域にしたいと「有馬温泉路地裏アートプロジェクト」が始まった。泉源から温泉の配管が埋設された路地裏にアートを飾る。普通アートの展示は短期間で終了するものが多いが開催期間を約4ヶ月と長く設定している。普段人があまり歩かないエリアをじっくり時間をかけて魅力あるエリアにする試みだ。

　そして夏休み後の8月末から9月上旬は閑散期であるが、大学生はまだ夏休みだということをこの時知った。そこで2010年、複数の大学と連携し有馬をキャン

写真11-3　第一期　有馬ゆけむり大学の学生たち

パスにした仮想の大学「有馬温泉ゆけむり大学」を開催した。大学の校章や制服（Tシャツ）は神戸芸工大が担当し、校歌の作詞作曲と期間中ストリートライブを大阪音大が担当した。音楽セラピーや温泉街を利用したノルディックウォーキングは武庫川女子大が担当した。温泉を利用した健康講座やお寺でヨガや坐禅、他の大学の先生に学ぶ授業など有馬が提供できる講座と学生が望む講座を設けた。これらのプロデュースは近畿大学が担当した。このように大学生と有馬の人達がつながることで、従来と違った視点やより広い視野でまちづくりが推進できると考えている。また大学生は未来の顧客創造にもつながる。大学生と連携する考え方をさらに広めるとともに、海外の学校とも連携を行っていく。このように大学という名称を使いながら体験観光を進めるとともに、期間毎にマーケティングを行いブランド構築を行おうとしている。

　その一例として「有馬節分会」がある。節分は秋と冬の神様と春と夏の神様の交代の日で、そのドサクサに乗じて魔物がやって来るという。そこで庶民は変装し魔物を追い払うという習慣があった。「お化け」と言い、京都の花街などでは残っているが有馬では1965年ぐらいに廃れていった。それを2011年に復活した。飲食店などの協力を得て、特別な飲食券を発行し、お化けを楽しむイベントである。この時期は旧正月を祝うアジアの人達の正月休み。お化けはケルト民族のハロウィンと同じ考え方によるものなので、大学生を中心とした若い人たちに日本

写真11-4　江戸時代から毎年1月2日に開催する入初式(いりぞめしき)

版ハロウィンに参加してもらって、アジア系の観光客を誘致して、節分時期の活性化を図りたいと考えている。

8．まちづくり資金のあり方

　観光地の活性化を考える上で一番の問題は「まちづくり資金」の確保であろう。1つの解決策として、世界的な温泉保養地として有名なドイツのバーデンバーデンにはカジノがある。このカジノはラスベガスに代表される大型の施設でなく、ごくこじんまりした施設である。ドイツにはカジノ法がありルーレットで00を発明したことにより、確実に同元が勝つようになっている。その利益の何％かをまちづくりのための費用に供出するようになっている。温泉地で宿泊すると請求書の中に「入湯税」が記載されている。この税額は温泉所在の市町村が独自に定めることができる地方税で、温泉源の維持費・環境衛生施設費・消防設備費・観光振興費などに使用される目的税である。有馬を含め多くの地域で入湯税150円をお客様からいただいている。入湯税は年間約1億5千万円が神戸市に納付されている。もしこの入湯税額を200円にし、50円を有馬のまちづくりに使用すると年間5千万円のまちづくり資金が生まれる。このように入湯料というかたちでお客様に使途を明示して協力をお願いする方法も考えられる。

写真11-5 「有馬美食倶楽部」（有馬温泉の調理長のみなさん）

　また有馬の名水を活かした事業などを起こして、まちづくり資金を調達する方法もある。まちづくり資金は、有馬型温泉の有効活用を行うための施策や景観を修復や、交通問題の解決、ホスピタリティーの向上につながることに使用したいと考えているが、多くの人の同意や納得が必要であるため、現在有馬では緩やかに進めている。これができると明治の時代に有馬にやって来たレイ夫人がつぶやいたように、有馬温泉は「チロルのような街」になることができるだろう。それこそが国際的な温泉保養地「有馬」だと考えている。

【参考】
2010年有馬温泉で開催した講座「有馬こだわり発見」の内容を参考にした。

〈謝辞〉
　執筆に関しては、西村進京都大学名誉教授に専門家としての視点からご助言をいただいた。深甚の謝意を表します。

第12章
都市山六甲

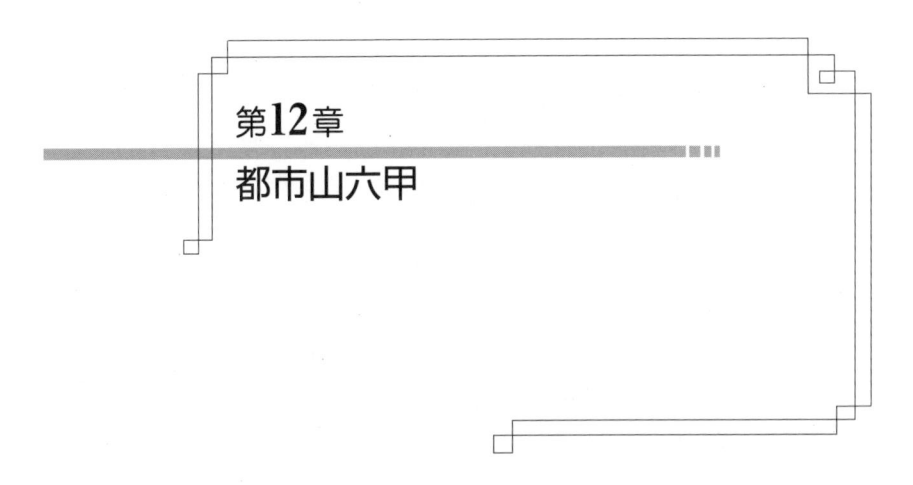

1. 六甲の特色

　神戸市、芦屋市、西宮市、宝塚市という大都市圏の背後に広がる六甲は、非常に多くの人達に親しまれ、また愛されている山地である。六甲についての地質、地形、気候、生物、歴史、文化、民俗、観光、土地利用などについては、多くの調査・研究が進められ、多数の論文や書籍がまとめられている。特に六甲の自然については詳細に解説された出版物が多数発行され、六甲の自然を学ぶための情報としては大変重要である。しかし、それらには、六甲の自然についてはよくまとめられていても、近畿圏における六甲の位置、他の山地との比較による六甲固有の自然の特色が十分浮かびあがっていないように思われる。
　本章は、都市山、2つの気候帯、生物交流・共生の場、植生の変遷、はげ山の植生復元という6つの視点から他地域の山地には見られない六甲の特色を解説したい。

2. 都市山

　都市山を考える前に樹林の名称やその定義についてまとめておきたい。原生林は人の手が入っていない樹林、自然林は原生林ほどではないが、自然性の高い樹

林(社寺林など)、半自然林は人の利用によって利用・維持されている樹林(里山林)のことである。照葉樹林、夏緑林という用語は樹林の外観による区分である。原生状態の照葉樹林は照葉原生林、自然性の高い照葉樹林は照葉自然林、里山として利用されてきた照葉樹林は照葉半自然林、人工的に作られた照葉樹林は照葉人工林となる。夏緑林も同様である。

　山の土地利用を示す代表的な用語としては、「奥山」と「里山」があげられる。奥山は人里離れた神の坐す原生の森が生い茂る山のことである。縄文時代以前、六甲は照葉原生林や夏緑原生林の分布する奥山であった。里山は燃料や肥料を供給する場として弥生時代以降利用されてきた半自然林(二次林)の広がる山である。六甲は、弥生時代より1960年代まで里山として利用されてきたが(里山としての利用に失敗し、はげ山にもなった)、現在、燃料革命によって六甲は、里山としてまったく利用されていない。里山としての生産機能を失った六甲ではあるが、環境機能、防災機能、文化機能を六甲は失ってはおらず、逆にそれらの機能に基づくレクリエーション、環境学習、生涯学習、植樹活動などが六甲では大変盛んとなっている。

　200万人以上の人々が住む大都市の背後にそびえ、環境・防災・文化機能を果たし、またさまざまな都市機能を補完している六甲のようなあまり例のない山を明瞭に言い表すことのできる、適切で簡単な用語はないだろうか。

　里山という用語は現在の六甲には不適切であることはすでに述べた。山ではないが、都市内に成立している樹林の名称として「都市林(としりん)」という用語がある。東京都の明治神宮、大阪府の万博記念公園、神戸市の生田神社、宮崎県の宮崎神宮などのように都市内部あるいは都市に隣接して保全されている樹林が都市林に該当すると考えられる。六甲は四方を市街地に囲まれているので、六甲を巨大な都市林とみなすことも可能ではあるが、1,000m近くある山岳を都市林と呼ぶことには無理がありそうだ。

　六甲は都市に接し、都市に連なる山、都市機能を補完し、活性化させる山、都市住民に親しまれ、愛されている山である。これらのことを考えると、六甲という山には、「都市」と「山」という本来相対する単語を結び合わせた「都市山」という用語がぴったりと合う(服部、2011)。

　六甲を都市山とすると、富士山、大雪山、金剛山、氷ノ山、霧島山といった都

表12-1 国内の代表的な都市山

山地名	地名	海抜(m)	人口(万人)	面積(km²)	都市部からの距離(km)	海岸線からの距離(km)	施設	その他
藻岩山	北海道札幌市	531	170	1,121	5.5	—	ロープウェイ、観光道路	天然記念物藻岩原始林
函館山	北海道函館市	333	30	347	2.4	0.9	ロープウェイ、道路	日本三大夜景の一つ
岩山	岩手県盛岡市	341	28	489	4.0	—	道路、展望台	
千歳山	山形県山形市	471	24	381	3.2	—	道路	千歳山公園
愛宕山	山梨県甲府市	428	19	171	1.1	—	道路(愛宕山スカイライン)	愛宕山こどもの国
富士ノ塔山	長野県長野市	961	35	404	4.3	—	道路	
金華山	岐阜県岐阜市	329	41	196	3.3	—	ロープウェイ	岐阜城、岐阜公園
比叡山	京都府京都市	848	140	610	13.5	—	ロープウェイ、道路	延暦寺
春日山	奈良県奈良市	497	35	211	3.0	—	道路	天然記念物春日山原始林、春日大社
生駒山	東大阪市など	642	250	220	10.0	24.0	道路、遊園地、天文台	大阪府と奈良県の境、府民の森
六甲山	兵庫県神戸市など	931	200	543	0.0	1.5	ロープウェイ、ケーブル、道路	日本三大夜景の一つ
眉山	徳島県徳島市	277	26	190	0.3	3.0	ロープウェイ、道路	眉山公園
皿倉山	福岡県北九州市	622	102	482	11.4	3.1	ケーブル、道路	帆柱山公園、100億ドルの夜景
稲佐山	長崎県長崎市	322	44	241	2.0	1.4	ロープウェイ、道路	日本三大夜景の一つ、1000万ドル、稲佐山公園

市から離れた山岳、すなわち奥山と都市山の違いが大変明瞭となる。人と都市山のつながりは日常的、人と奥山のつながりは非日常的なものといえよう。

都市山は都市に隣接する山なので、六甲だけでなく全国に分布している。上述の都市山の定義に従って、全国の都市山を選定すると、札幌市の藻岩山、函館市の函館山、岐阜市の金華山、京都市の比叡山、東大阪市の生駒山、徳島市の眉山、長崎市の稲佐山などの14山が抽出される（表12-1）。表12-1には海抜も低く、丘陵であって山ではないもの、都市とのつながりがそれほど強いとは思えないものなども含まれており、また全国の都市山すべてが網羅されたものではないので、今後も国内だけでなく世界の都市山の調査を進めたいと思うが、国内の主要な都市山は表12-1に示されていると考えられる。

六甲を他の都市山と比較すると、海抜の高さ、200万という都市人口の多さ、都市部あるいは都心部から山までの距離の近さ（都市住民にとって山との関係が極めて日常的で、身近なこと）、日常登山など山を楽しむ人の多さ、山からの都市、港、大阪湾などの景観がすばらしいこと（特に、1000万ドルといわれる夜景）、逆に、海からの都市や山の景観もすばらしいこと（海、都市、山という一連の、あるいは一体化した景観を海上からみることができること）などの点で、六甲は他の都市山を圧倒している。3～6節で述べる六甲の特色も都市山としての六甲の魅力をさらに高めている。

都市山という概念が今まではなかったため、国内にあるたくさんの山と比較して、六甲の特色を明らかにしようという試みはなかった。都市山という概念からみると、先に述べた六甲の多くの特性からみて、あるいは、都市住民と山との密接なつながりのということだけでも、六甲は「日本一の都市山」という名称がふさわしい。

3．2つの気候帯

国内の気候帯は気温によって水平的に見ると暖温帯、冷温帯、亜寒帯、寒帯の4帯に、垂直的に見ると低山帯、山地帯、亜高山帯、高山帯の4帯に区分される。表12-2に示したように、各気候帯に対応して、植生は暖温帯、低山帯に照葉樹林、冷温帯、山地帯に夏緑林、亜寒帯、亜高山帯に針葉樹林、寒帯、高山帯

表12-2 気候帯と植生帯の対応

気候帯		植生帯
水平帯	垂直帯	
暖温帯	低山帯	照葉樹林帯（シイーカシ帯）
冷温帯	山地帯	夏緑林帯（ブナ帯）
亜寒帯	亜高山帯	針葉樹林帯
寒帯	高山帯	低小草原帯

に低小草原という対応が認められる。富士山のような高山では4つの全ての気候帯、植生帯を持つが、600m以下の海抜の低い山では1つの気候帯、植生帯しか持たないことが多い。

六甲は海抜931mと高いため、海抜750mを境として下部の「暖温帯＝低山帯＝照葉樹林帯」と上部の「冷温帯＝山地帯＝夏緑林帯」という2つの気候帯、植生帯が存在する（図12-1）。表12-1に示した都市山のなかには海抜が高いので2つの気候帯、植生帯を持つものもあるが、生駒山、函館山、稲佐山など多くの都市山は1つの気候帯、植生帯しか持っていない。この点からも六甲の特異性がよく理解できる。

2つの気候帯、植生帯を持つ六甲は、低地と高地ではどの程度気象条件に差があるのだろうか。

海岸近くの低地は年平均気温15.5℃、年降水量1,300mmという数値が示すように典型的な瀬戸内気候の高温・少降水量条件下にある。ところが山地上部は海抜が高いために気温が10.1℃と低いのは当然としても、年降水量は国内の平均値1,800mmを越えて、2,000mm以上の多降水量条件下にある。高温から低温、少降水量から多降水量という大きな気象条件の差を六甲は有していることになる。このような多様な気象環境が、4節で述べる六甲の生物多様性を維持している条件の一つである。

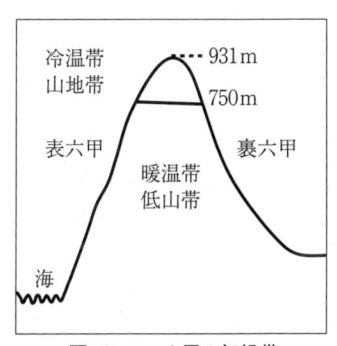

図12-1 六甲の気候帯
山頂部は気温が低く、多降水量で、低地部は気温が高く、降水量が少ない。

4．生物交流・共生の場

　六甲を地理的にみるとどのような位置にあるのか。六甲を中心に半径150kmの円を描くと徳島県・香川県東部、岡山県・鳥取県東部、福井県若狭地方・三重県を含めた近畿圏全域がその円内にすっぽり入る（図12-2）。この図によって、六甲が近畿圏の中心にあって、日本海側の山陰海岸および若狭湾岸、太平洋側の南紀海岸、伊勢湾沿岸などよりほぼ等距離にあることがわかる。このような六甲の地理的位置の特性は、近畿圏およびその周辺のさまざまな地域に生活する生物が六甲へ移動しやすいこと、また六甲を経由して、東西南北に分布拡大しやすいことを示している。すなわち六甲は生物分布の拠点といえる。3節で述べた六甲の海抜の高さによる環境条件の多様さも、多くの生物が六甲に定着でき、分布の拠点となった大きな要因である。神戸一帯は古くより国内、国外の人々の交流拠点として知られているが、生物からみると何十万年以上前から六甲は交流拠点であり、また共生の場であった。

　六甲に生活する生物、特に植物について、それらがどこから、どのような経路を経て六甲に至ったのか、その歴史を推定したい。

　六甲の生物（植物を中心に、一部昆虫を含む）は表12-3に示したように由来の異なる6つの生物群にまとめられ、六甲への経路は図12-3のように推定される（服部・栃本、2008）。

図12-2　六甲を中心とした半径150kmの円

　①の山陽系は山陽道を東進して六甲に到達した種群で、オキナグサ、コナラ、ミズナラ、アベマキ、ナラガシワ、アキニレ、ノグルミ、アカシデ、イヌシデなどの植物がそれに含まれる。昆虫ではアカシジミ、オオムラサキ、ヒメタイコウチ、ヒメヒカゲなどが該当する。これらの種群は大陸と日本が陸つづきであったリス氷期以前の氷期に、大陸より朝

表12-3　六甲の植物相を構成する6つの系統とそれに対応する昆虫

No.	種群名	六甲への分布経路	植物名	生物地理	昆虫名
①	山陽系	大陸より朝鮮半島、九州北部を経て山陽道より	オキナグサ、タカトウダイ、ツチグリ、アキニレ、ノグルミ、コナラ	満鮮要素	ヒメタイコウチ、ヒメヒカゲ
②	中国山地系	中国山地より南下	トキワイカリソウ、ヒメモチ、ユキグニミツバツツジ	日本海要素	ギフチョウ、ダイセンシジミ、マヤサンコブヤハズカミキリ
③	北方系	背梁山脈を南下	ブナ、イヌブナ、タムシバ	冷温帯要素	オオガシジミ、エゾゼミ？
④	紀伊山地系	紀伊山地より北上	サギスゲ、ミカヅキグサ	湿原生要素	
⑤			ヒメクロモジ、ヤマアジサイ、ヤブウツギ、ミヤコザサ、ススタケ	ソハヤキ要素 冷温帯要素	エゾゼミ？
⑥	南紀系	紀伊半島南端より太平洋・大阪湾沿いに北上	アラカシ、ヒサカキ、カナメモチ	照葉樹林要素	ヒメハルゼミ、アオスジアゲハ
			モチツツジ、カキノハグサ、マルバウツギ	暖温帯要素	ウラゴマダラシジミ、ウラナミシジャノメ
⑦	海浜系	海流によって海浜へ	ハマヒルガオ、ハマエンドウ	海浜要素	キベリハムシ

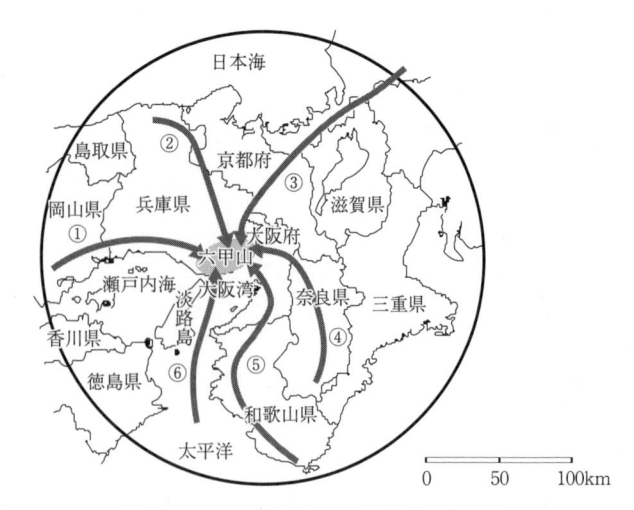

図12-3　六甲の植物相を構成する6つの種群の移動経路
円は六甲を中心として半径150kmで描いたもの。①〜⑥の番号は表12-3の番号に対応。

鮮半島を経て対馬、九州、山陽地方、六甲と移動してきたと考えられる。このような種群は、植物では満鮮要素と呼ばれている。

　②の中国山地系は中国山地より氷上回廊などを通過して六甲まで南下した夏緑林系の種群で、トキワイカリソウ、ヒメモチ、ユキグニミツバツツジ、タニウツギ、ブナ、タムシバなどが該当する。照葉樹林構成種のアオキもこの種群に含まれるかもしれない（服部、2011）。昆虫ではギフチョウ、ダイセンシジミ、マヤサンコブヤハズカミキリ、オナガシジミ、エゾゼミ（？）などが含まれる。ブナは中国山地などの日本海側だけではなく、太平洋側の紀伊山地にも広く分布するが、六甲のブナはDNA調査によって中国山地由来であることが明らかにされている。冷涼な気候を好むこれらの種は寒冷な最終氷期が終わり、やや温暖化した冷涼な気候条件下にあった時代に中国山地より南下して六甲山麓に到達したと考えられる。その後、さらに温暖化は進んだが、本種群は六甲の山頂部に移動し、温暖化に耐えた。ブナ、タムシバを除く4種は日本海要素とよばれている。

　③の北方系は北海道、東北山地より南下したと考えられる種群で、サギスゲ、ミカヅキグサなどの湿原生の植物が含まれる。氷期に南下し、その後も湿原という特殊な立地で生き残ったのであろう。

④の紀伊山地系は紀伊山地の山地帯から和泉葛城山、金剛山、生駒山などを経て、六甲に到達した夏緑林系の種群で、ヒメクロモジ、ヤマアジサイ、ミヤコザサ、スズタケ、ヤブウツギなどが含まれる。昆虫ではエゾゼミなどが該当するのかもしれない。本種群は②の中国山地系と同じように最終氷期最寒冷期が終わり、温暖化しつつある冷涼な1万年前ごろに六甲に移動したものと考えられる。

　⑤の南紀系は紀伊半島南端の潮岬などの避難地より海岸線を北上してきた種群で、コジイ、スダジイ、アラカシ、シラカシ、アカガシ、ウラジロガシ、ツクバネガシ、カナメモチ、リンボク、ネズミモチ、ヒイラギ、モチノキ、クロガネモチ、ナナメノキ、センリョウ、マンリョウ、ノキシノブ、オオイタチシダ、ベニシダ、ホソバカナワラビなどの照葉樹林構成種のすべてがこの種群に含まれる。その他、モチツツジ、カキノハグサ、マルバウツギなども含まれる。昆虫ではヒメハルゼミ、アオスジアゲハ、ムラサキシジミ、ムラサキツバメ、ウラゴマダラシジミ、ウラナミジャノメなどが該当する。最終氷期の最寒冷期に大島などの紀伊半島南端に避難していた本種群は、氷期が終わり、冷涼期が過ぎた7000年から8000年前ごろに温暖化が進行すると避難地より大阪湾岸を北上し、六甲に到達した。

　⑥の海浜系は海を経由して六甲山麓に定着した種群で、ハマヒルガオ、ハマエンドウ、コウボウムギ、コウボウシバ、ハマゴウ、ハマダイコン、ハマユウなどがこの種群に含まれる。神戸港を通じて海外から侵入して来た外来生物も海浜系にまとめられる。植物ではコウベナズナ（マメグンバイナズナ）、昆虫ではキベリハムシに代表される。

　これらの6種群をみると、②のブナと④のミヤコザサが共生し、また②、④と⑤が海抜で棲み分けているように、6種群の生物は六甲のなかで交流・共生・棲み分けながら、共存しているように思われる。

5．植生の変遷

　六甲には時代と共にさまざまな植生が成立し、また変遷している。2万年前以降の植生変遷を明らかにしたい。

　約2万年前の最終氷期最寒冷期には瀬戸内海は陸化し、100mほど海面低下したことによって、六甲は1,000m以上の山地となった。当時の気温は現在と比較し

て7℃以上も低く、年降水量も少なかったので、六甲の上部にはコメツガ、シラベなどより構成される亜高山針葉樹林（亜高山針葉原生林、現在、この樹林は六甲には存在していない。近畿地方では大台、大峰山地に残存している）が成立していた。低山部は夏緑林の成立域であったが、降水量が少なかったために、ブナ型の夏緑林（ブナ型夏緑原生林）が成立できず、コナラ、ミズナラなどの乾燥に強い植物より構成されるナラ型の夏緑林（ナラ型夏緑原生林、現在、長野県、北海道などの少降水量域に分布している）が成立していたと考えられる。①の種群はナラ型の夏緑林の主な構成種でもある。

　最終氷期の最寒冷期が終わると気温が上昇し、降水量も増加した。約1万年前のやや温暖化した冷涼期に、中国山地および紀伊山地から冷温帯系、夏緑林系の生物群である②と④が六甲に新入し、低山部にすでに定着していた①の種群と共に、あるいは①の種群をおさえて、ブナ型の夏緑林を成立させた。寒冷期に成立していた亜高山針葉樹林はブナ型の夏緑林に追われて山頂部に逃げこんだ。

　温暖化がさらに進むと、暖温帯系、照葉樹林系の⑥の種群が紀伊半島南端より六甲の低山部に新入し、ブナ型の夏緑林を山地上部に追いこんで、中腹部まで照葉樹林（照葉原生林）を成立させた。約6000年前の縄文海進期になると温暖化は最高となり、亜高山針葉樹林は消滅し、ブナ型の夏緑林も山頂部のわずかな立地に残存するのみとなり、六甲は広く照葉樹林によって被われた。六甲にブナ型の夏緑林が残存できたのは、前述したように、海抜が高いことによっている。

　山頂部にブナ型の夏緑林、それ以下に照葉樹林という分布が2000年前ごろまで続くが、弥生時代に入って稲作が始まると、山頂部以外に優占していた照葉樹林（照葉原生林）は徐々に伐採・利用され、燃料・肥料供給用の照葉型里山林（照葉半自然林）へと変換された。

　『万葉集』を調べると奈良周辺では里山林は、照葉型からより、利用効率の高い夏緑型に変化していたので（服部ほか、2010）、六甲においても奈良時代には夏緑型里山林（夏緑半自然林）が成立していたと考えられる。

　適切な伐採・利用が続けられていると夏緑型里山林が持続するが、過剰な利用によって、六甲の夏緑型里山林は針葉型里山林に変化した。その時代は室町時代と推定される。

　その後、針葉型里山林はさらなる過剰な利用によって、江戸時代には『摂津名

所図会』に見るように、六甲の大半ははげ山に移行した（田中ほか、1988；近藤ほか、1992）。

　六甲のはげ山化は、多くの災害を招き、治山工事が必要となる。明治時代に入って、本多静六氏の指導のもとに1882年より六甲における治山工事が始まった。その治山工事は成功し、アカマツの優占する樹林が六甲に復活した（田中ほか、1988）。アカマツ林は近年まで続いていたが、50年ほど前より急増した松枯れ病の発生によって、アカマツ林は急激に減少し、代わってアカマツ林の林床に生育していたコナラ、アベマキなどの夏緑樹が優占する夏緑林が六甲全域に広がった。

　現在、景観的、外観的にみると夏緑林が優占しているが、亜高木層以下ではアラカシなどの照葉樹が優占し始めており（布引の滝周辺にはすでにアラカシ林が成立している）、100年から200年後にはアラカシ優占の照葉樹林（照葉二次林）が広がると考えられる。ただし、アラカシ型の照葉二次林はきわめて低い種多様性しか持たず、種多様性の高い縄文時代の原生状態の照葉樹林（照葉原生林）とはまったく異なる。

　今まで述べた2万年以降の六甲の植生変遷は図12-4にまとめた。気候と土地利用の変化に伴う植生の変化は、六甲に限らずいずれの地域にも認められるが、花粉分析（前田、1980）、古文書、古書籍、図絵およびはげ山からの復元の記録、さらに詳細な現存植生の膨大な情報（中西ほか、1982）などによって、古い時代から現在に至る植生の変遷を六甲のように明らかにされた山はほとんどない。

6．はげ山の植生復元

　六甲に江戸時代以降はげ山が存在したことは望ましいことではない。しかし、前述したように1882年以来、治山工事が進められ、はげ山の植生を復元させたことはすばらしいことである。また、再度山における植林状況の写真などの復元の記録を保存してきた神戸市は高く評価されよう。

　植生復元の記録の重要性を理解した神戸市および神戸大学教授の故中西哲先生は1974年以降、再度山の植生復元状況の調査を開始した。現在までに5年ごとの調査報告（『再度山永久植生保存地調査報告書』）がすでに8回印刷・出版されている。このように植生復元の経過を詳細な調査によって明らかにした例はなく、

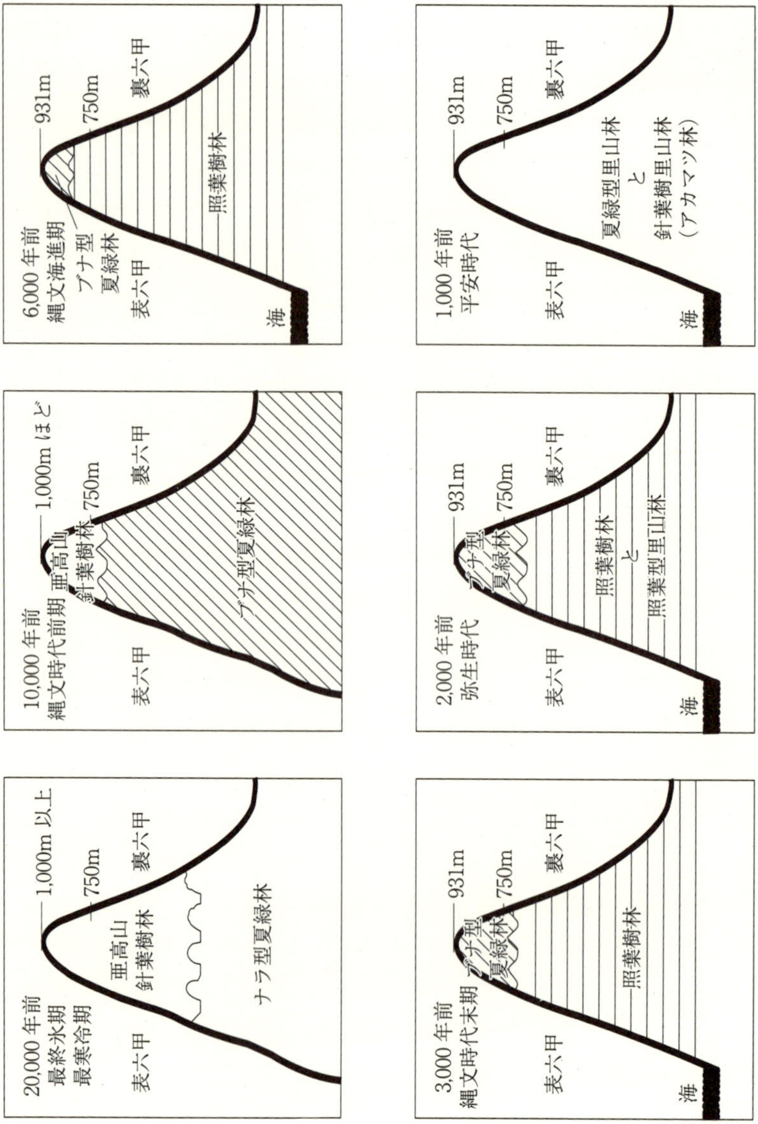
20,000 年前
最終氷期
最寒冷期
1,000m 以上
750m
亜高山
針葉樹林
ナラ型夏緑林
表六甲
裏六甲
10,000 年前
縄文時代前期
1,000m ほど
750m
亜高山
針葉樹林
ブナ型夏緑林
表六甲
裏六甲
6,000 年前
縄文海進期
931m
750m
ブナ型
夏緑林
照葉樹林
表六甲
裏六甲
海
3,000 年前
縄文時代末期
931m
750m
ブナ型
夏緑林
照葉樹林
表六甲
裏六甲
海
2,000 年前
弥生時代
931m
750m
ブナ型
夏緑林
照葉樹林
と
照葉型里山林
表六甲
裏六甲
海
1,000 年前
平安時代
931m
750m
夏緑型里山林
と
針葉樹里山林
（アカマツ林）
表六甲
裏六甲
海

第12章　都市山六甲　*159*

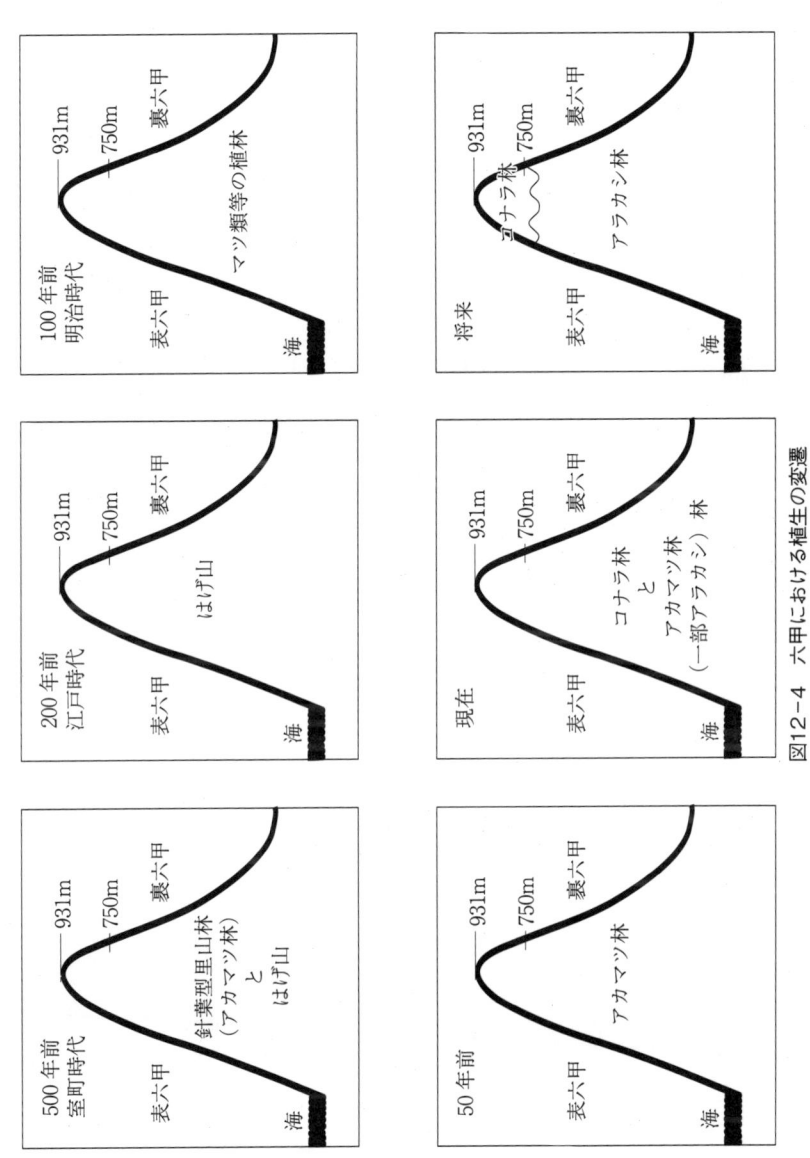

図12-4　**六甲における植生の変遷**
平安時代以降も山頂部のごく一部にブナ林、山腹の社寺にごくわずかの照葉樹林が残存。

この点についても六甲は魅力的である。

【参考文献】

服部保・栃本大介「六甲におけるブナの衰退」『温暖化と生物多様性』築地書舘、2008年、pp.196-207。

服部保・南山典子・小川靖彦「万葉集の植生学研究」『植生学会誌』27、2010年、pp.45-61。

服部保『環境と植生30講』(図説生物学30講　環境編1) 朝倉書店、2011年。

近藤浩文・武田義明・松下まり子・小西美恵子『六甲山の植物』神戸新聞総合出版センター、1992年。

前田保夫『縄文の海と森』蒼樹書房、1980年。

中西哲・服部保・武田義明『神戸の植生』神戸市、1982年。

田中眞吾ほか『六甲山の地理』神戸新聞総合出版センター、1988年。

著者紹介 (掲載順)

田辺　眞人（たなべ　まこと）第1章
現職：園田学園女子大学名誉教授
関西学院大学文学部史学科卒業、
神戸市文化賞、兵庫県文化功労者表彰、ロドニー賞受賞
主著：『平清盛と神戸―ゆかりの地で出合う歴史と伝説』神戸新聞総合出版センター、2012年、『神戸の伝説』神戸新聞総合出版センター、2011年、『神戸人物史―モニュメントウォークのすすめ』神戸新聞総合出版センター、2010年

楠本　利夫（くすもと　としお）第2章
現職：芦屋大学客員教授
神戸大学経済学部卒業
学位：博士（国際関係学）
主著：『増補　国際都市神戸の系譜』公人の友社、2007年11月、『国際都市神戸の系譜』公人の友社、2007年2月、『移住坂―神戸海外移住史案内―』セルポート、2004年

見寺　貞子（みてら　さだこ）第3章
現職：神戸芸術工科大学ファッションデザイン学科教授
武庫川女子大学家政学部被服学科卒業、
関西ドレスメーカーデザイン専門学校卒業
学位：博士（芸術工学）
主著：『ユニバーサルファッション―だれもが楽しめる装いのデザイン提案―』中央法規出版（株）、2002年12月、『美しく見えるシニアの服』文化出版局、2004年6月、『かぶりものの研究2「服飾史に見る日本の帽子」』ワールド・ムック661、帽子スタイルNo.2、（株）ワールドフォトプレス、2007年7月

佐野　靖夫（さの　やすお）第4章
現職：レーブドゥシェフ代表取締役社長、
　　　兵庫県洋菓子協会副会長
東京製菓学校卒業
ひょうごの匠、神戸市技能奨励賞、兵庫県技能顕功賞受賞、神戸マイスター

末廣　光夫（すえひろ　みつお）第5章
現職：ジャズ音楽評論家
千葉農業専門学校（現在の千葉大学）中退
米国ニューオーリンズ市名誉市民、サントリー地域文化賞、神戸市文化活動功労賞、兵庫県文化功労者表彰受賞

田中　まこ（たなか　まこ）第6章
現職：神戸フィルムオフィス代表
国際基督教大学卒業
学位：学士
主著：『英語のハート、つかまえて』徳間書店、1991年、『田中まこの通訳メモランダム』研究社、1992年、「瀬戸内―映画の舞台を訪ねて―」『神戸・瀬戸内学』流通科学大学観光研究会編、2009年

藤代　節（ふじしろ　せつ）第7章
現職：神戸市看護大学准教授
京都大学大学院文学研究科博士後期課程単位取得満期退学
学位：文学修士
主著：『サハ語会話帳』N. ポポーヴァと共著、九州大学人文科学研究院、2007年、『オグド・アクショーノワ作品集―ドルガン語原文・露訳・和訳・注釈―』A. ボルボーリナと共著、東京大学人文社会系研究科言語学研究室、2001年、『ウイグル文Daśakarmapathāvadānamālā（十業道）の研究』庄垣内正弘、L. トゥグーシェワと共著、松香堂、1998年

北　　徹（きた　とおる）第8章
　現職：神戸市立医療センター中央市民病院院長、京都大学名誉教授
　京都大学医学部卒業
　学位：医学博士
　第35回ベルツ賞、日本動脈硬化学会賞、日本医師会医学賞受賞
　主著：『岩波講座　現代医学の基礎〈12〉老化と動脈硬化』岩波書店、1999年、『すぐに役立つ高脂血症治療のチェックポイント』医薬ジャーナル社、1994年、『血管病のとらえかた―眼でみるベッドサイドの病態生理』文光堂、1999年

立道　　清（たてみち　きよし）第9章
　現職：宍粟市千種診療所所長
　京都大学医学部卒業、京都大学大学院博士課程単位取得後退学
　主著：『検証：その時医師達に何ができたか』清文社、1996年、『Earthquake and People's Health』WHO kobe、1997年、『救急疾患、エマージェンシー』へるす出版、1999年

川越　栄子（かわごえ　えいこ）第10章
　現職：神戸市看護大学准教授、
　　　　大阪大学・神戸大学医学科非常勤講師
　神戸女学院大学大学院修士課程修了
　学位：文学修士
　主著：『Travelers' First Aid Kit』CENGAGE Learning、2008年、『実践的時事英語［医療版］ザ・デイリーヨミウリを読む』共著、大学教育出版、2011年、『耳から学ぶ楽しいナース英語』共著、講談社、2002年

金井　啓修（かない　ひろのぶ）第11章
　現職：有馬温泉(株)御所坊代表取締役
　辻調理師専門学校卒業
　国土交通省観光カリスマ、内閣官房地域活性化伝道師

服部　　保（はっとり　たもつ）第12章
　現職：兵庫県立大学自然・環境科学研究所教授（兼務：兵庫県立人と自然の博物館研究部長）
　神戸大学大学院自然科学研究科修了
　学位：学術博士
　主著：『環境と植生　30講』朝倉書店、2011年、『植生管理学』朝倉書店、2005年、『日本の植生図鑑』保育社、1983年

■編著者略歴

川越　栄子（かわごえ　えいこ）
神戸市看護大学准教授
大阪大学・神戸大学医学科非常勤講師
神戸女学院大学大学院修士課程修了
文学修士

主な著書

『Travelers' First Aid Kit』CENGAGE Learning、2008年
『実践的時事英語［医療版］ザ・デイリーヨミウリを読む』
共著、大学教育出版、2011年
『耳から学ぶ楽しいナース英語』共著、講談社、2002年

神戸地域学
——神戸の魅力再発見！——

2012年5月30日　初版第1刷発行

■編　著　者── 川越栄子
■発　行　者── 佐藤　守
■発　行　所── 株式会社 大学教育出版
　　　　　　　〒700-0953　岡山市南区西市855-4
　　　　　　　電話 (086) 244-1268 (代)　FAX (086) 246-0294
■印刷製本── モリモト印刷(株)

© Eiko Kawagoe 2012, Printed in Japan
検印省略　　落丁・乱丁本はお取り替えいたします。
本書のコピー・スキャン・デジタル化等の無断複製は著作権法上での例外を除き
禁じられています。本書を代行業者等の第三者に依頼してスキャンやデジタル化
することは、たとえ個人や家庭内での利用でも著作権法違反です。

ISBN978-4-86429-111-8